钱生钱

低利率下的银行理财与基金投资手册

钟小生 ◎ 著

中国铁道出版社有限公司
CHINA RAILWAY PUBLISHING HOUSE CO., LTD.

图书在版编目（CIP）数据

钱生钱 ：低利率下的银行理财与基金投资手册 / 钟小生著. -- 北京 ：中国铁道出版社有限公司, 2025. 4. -- ISBN 978-7-113-31915-1

Ⅰ．F830.59-62

中国国家版本馆CIP数据核字第2025UW6880号

书　名：钱生钱——低利率下的银行理财与基金投资手册
QIAN SHENG QIAN：DILILÜ XIA DE YINHANG LICAI YU JIJIN TOUZI SHOUCE

作　者：钟小生

责任编辑：杨　旭	编辑部电话：（010）51873274	电子邮箱：823401342@qq.com
封面设计：宿　萌		
责任校对：安海燕		
责任印制：赵星辰		

出版发行：中国铁道出版社有限公司（100054，北京市西城区右安门西街 8 号）
网　　址：https://www.tdpress.com
印　　刷：北京盛通印刷股份有限公司
版　　次：2025 年 4 月第 1 版　2025 年 4 月第 1 次印刷
开　　本：710 mm×1 000 mm　1/16　印张：14.5　字数：208 千
书　　号：ISBN 978-7-113-31915-1
定　　价：69.00 元

版权所有　侵权必究

凡购买铁道版图书，如有印制质量问题，请与本社读者服务部联系调换。电话：（010）51873174
打击盗版举报电话：（010）63549461

前 言

随着存款利率的逐步下调，人们的存款收益日益减少。截至2025年2月19日，两年期存款利率已降至不足2%，而三到五年期存款利率也未达2.5%。这使得存款利息收入变得微不足道。若国内存款利率持续下降，你的存款收益将难以跑赢通胀，进而导致"财富缩水"。

面对这种情况，聪明的投资者肯定不会安于现状，势必会想方设法让"钱生钱"，而且收益肯定要高于存款利率。怎么办呢？是去投资股票、投资期货或是投资外汇？然而，这些投资领域不仅需要扎实的专业知识，还需要经历过牛市和熊市的经验，否则很容易成为"韭菜"，甚至是输光家底。此时，你能做的是"稳稳地投资""稳稳地理财"，让投资的综合收益率达到3%至10%，确保资金的安全和稳定增值。

强调"稳稳地"，是因为需要保证本金安全，避免大幅亏损而心疼。

为了在不耽误自己工作和事业的同时去实现这个目标，就需要向金融人士学几招，当然这几招肯定是很简单的，而且能现学现用。

鉴于此，笔者在书中详细介绍了很多种金融人士常用到的资金套利方式（低风险），比如贴现套利、转让套利、跨市场套利、货币基金套利、国债逆回购扩大收益的技巧，以及原油套利、交易所交易基金套利等。此外，还从低到较高风险安排了银行理财产品和基金的投资方法和技巧，帮助投资者轻松获取一份不错的投资收益。当然，这里的"较高风险"是相对于银行理财和基金而言，并不是股市或是期货市场中的较高风险，它们完全不是同一个级别，投资者不用有过多的担心。

最后，需要提醒广大投资者的是，任何投资都是有风险的，因此，在作出投资决策时务必谨慎。

钟小生

2024年12月

目 录

第1章 银行理财与基金的必要知识 / 1

1.1 银行理财的必要知识 / 2

1.1.1 什么是净值型理财 / 2

1.1.2 期间与日期术语 / 6

1.1.3 风险等级 / 7

1.1.4 业绩比较基准 / 12

1.1.5 开放式理财和封闭式理财 / 14

1.1.6 多个收益率怎么解读 / 17

1.1.7 分红模式 / 19

1.1.8 投资范围和比例 / 21

1.1.9 理财产品成本费用 / 22

1.2 基金的必要知识 / 28

1.2.1 基金分类 / 28

1.2.2 基金的"外貌" / 38

1.2.3 β 收益、α 收益和 R 平方 / 47

1.2.4 夏普比率、波动率、最大回撤 / 50

1.2.5 基金的成本 / 53

1.2.6 历史业绩 / 53

1.2.7 换手率 / 55

1.2.8 投资风格 / 57

1.2.9 投资运作方式 / 60

1.2.10　基金经理 / 61

1.2.11　常用的基金网站 / 63

第 2 章　特殊定存的理财方式 / 67

2.1　收益稍高的存储 / 68

2.1.1　五种高利率的存款技巧 / 68

2.1.2　结构性存款 / 70

2.1.3　大额存单 / 74

2.1.4　存单质押开票 / 78

2.1.5　减少存单收益损失 / 80

2.2　国　　债 / 81

2.3　券商的收益凭证 / 85

第 3 章　现金管理的初级投资技巧 / 89

3.1　现金管理类的初级投资技巧 / 90

3.1.1　现金管理类产品怎么选 / 90

3.1.2　多银行分散投资，灵活应对速汇款项的额度限制 / 93

3.2　货币基金的初级投资技巧 / 93

3.2.1　货币基金的种类 / 93

3.2.2　挑选收益高风险小的货币基金 / 94

3.2.3　货币基金的对比 / 97

第 4 章　现金管理的高级投资技巧 / 103

4.1　现金管理类的高级投资技巧 / 104

4.1.1　逆回购的品种 / 104

4.1.2　计算逆回购收益率　/　105

4.1.3　逆回购怎么交易　/　106

4.2　货币基金的高级投资技巧　/　108

4.2.1　场外货币基金和场内货币基金　/　108

4.2.2　纯申赎型和交易型场内货币基金　/　109

4.2.3　场内货币基金收益扩大　/　118

第 5 章　固定收益类理财产品　/　121

5.1　固定收益类理财　/　122

5.1.1　固定收益理财产品的投资标的　/　122

5.1.2　纯债基金的投资标的　/　127

5.2　固收+类理财　/　132

5.2.1　"+"的内容是什么　/　132

5.2.2　"固收+"产品的优势　/　135

5.2.3　"固收+"产品怎么选　/　136

第 6 章　指数基金和养老理财　/　145

6.1　指数基金的必备知识　/　146

6.1.1　指数基金是什么　/　146

6.1.2　指数基金的特点　/　147

6.1.3　指数基金有哪些分类　/　149

6.1.4　ETF、LOF、ETF 联接是什么　/　154

6.1.5　指数基金怎么买入　/　157

6.1.6　指数基金怎么卖出　/　159

6.2　指数基金怎么定投　/　162

6.2.1　定额和不定额定投　/　162

iii

6.2.2 智能定投 / 165

6.2.3 存量资金与增量资金的定投 / 170

6.2.4 定投的加仓指标——边际成本降率 / 171

6.2.5 定投止盈 / 172

6.2.6 定投的收益率计算 / 173

6.3 指数增强型基金怎么定投 / 175

6.4 养老理财 / 176

6.4.1 养老理财产品的特点 / 176

6.4.2 养老理财产品怎么选 / 178

第 7 章 混合类理财和混合型基金 / 179

7.1 混合类理财 / 180

7.1.1 识别混合类理财 / 180

7.1.2 如何选择混合类理财 / 182

7.2 混合型基金 / 187

7.2.1 混合型基金分类 / 187

7.2.2 挑选混合型基金 / 190

7.3 新品种：混合估值法产品 / 195

7.3.1 混合估值法产品是什么 / 196

7.3.2 混合估值法产品的优势 / 197

7.3.3 混合估值法产品的识别和选择 / 197

第 8 章 基金的价差交易技巧 / 199

8.1 LOF 基金的价差交易 / 200

8.1.1 LOF 基金价差交易原理 / 200

8.1.2 LOF 基金价差交易的技巧 / 202

8.1.3 案例：找出 LOF 基金和价差交易时机 / 202

8.2 原油价差交易 / 204

8.2.1 什么是 QDII LOF 基金 / 205

8.2.2 原油基金的价差交易技巧 / 206

8.2.3 原油基金价差交易的收益扩大化 / 207

8.3 中国互联价差交易 / 209

8.4 ETF 价差交易 / 211

8.4.1 PCF 和 IOPV 是什么 / 211

8.4.2 ETF 价差交易技巧和成本 / 216

8.4.3 ETF 价差交易的经验 / 218

第1章

银行理财与基金的必要知识

1.1 银行理财的必要知识

在正式学习银行理财之前，掌握基础知识是至关重要的，这不仅有助于理解产品手册中所表述的内容，还能让您清晰地了解自己的钱是怎么用的，投入了哪些资产，预估能赚多少钱，承担多大的风险等。

1.1.1 什么是净值型理财

在资管新规出台前，大家在银行的理财基本上都是保本保收益、保本浮动收益的刚性兑付，但在资管新规出台后，打破了这种刚性兑付，让投资者风险自负，既不保证本金，也不保证收益，促使银行的净值型理财产品被加速推上"舞台"。

补充：资管新规是指2018年3月28日中央深改委通过的《关于规范金融机构资产管理业务的指导意见》，同年4月27日，经国务院同意，由中国人民银行等部门联合印发。

面对这样一个"新产品"，我们怎样去理解？关键点或是陌生点主要在"净值"二字上，毕竟"理财产品"这一概念早已深入人心，广为人知。

那么，什么是净值？净值是指理财产品当前每一份额的价值，大家可以简单将其理解为产品的价值，比如一份额的理财产品价值为1元，这1元就是净值。如果价值上涨到1.1元，则每一份额产品赚了0.1元（1.1元−1元）。反之，如果价值下降到0.9元，则每一份额产品亏了0.1元（0.9元−1元）。因此，我们可以推导出净值型理财的收益率，公式如下：

净值型理财的收益率=（赎回时的净值−购买时的净值）÷购买时的净值×100%

比如，你购买理财产品时的净值为1元，赎回时的净值为0.9元，则收益率为（0.9−1）÷1×100%=−10%。

收益金额可以根据收益率计算得出：你购买的产品总份额×收益率，比如购买的总份额为1 000份，每份价值1元，收益率为10%，则收益金额为1 000×1×10%=100元（这里没有扣除手续费）。

通常情况下，净值型理财产品的原始净值为1元，后期会随着行情的变化而波动，对此可以通过公式（总金额-总负债）÷总份额计算得出，也可以直接在产品的信息中直接查看，图1-1为某银行理财产品2023年9月27日的净值信息。

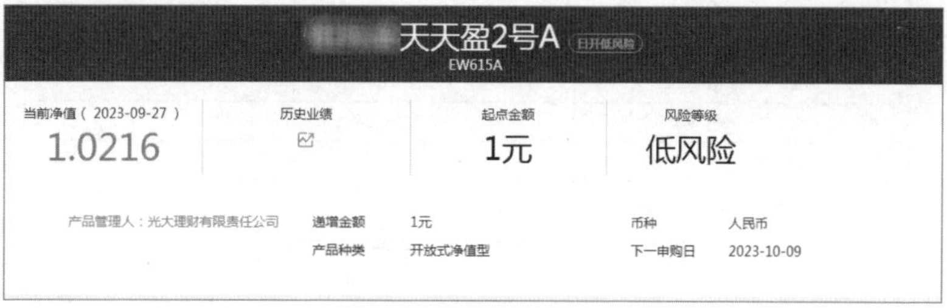

图1-1 某银行理财产品的净值信息

至此，我们可以推导出净值型理财产品的定义：银行产品发行时没有明确预期收益率，产品收益以净值形式展示，投资者可享受浮动收益的理财产品。同时，除了浮动收益、盈亏自负外，它还具有以下几个特点：

1. 透明度高

净值型理财产品会定期披露产品运营公告，大家可以及时了解投资期间净值产品的投资情况和净值走势。图1-2为理财产品的资产持有情况，图1-3为净值走势情况。

2. 流动性高

净值型理财产品分为封闭式和开放式两种类型，前者表示有最低持有期限或是固定投资期限，到期后投资者可以随时申购或是赎回，如图1-4所示。后者表示在开放日随时申购或是赎回，如图1-5所示。这种设计显著提升了净值型理财产品的流动性，更好地满足了投资者的资产配置需求。同时，它也为投资者提供了灵活性，一旦发现净值亏损，可以及时赎回以减少损失。

序号	资产类别	穿透前占总资产的比例（%）	穿透后占总资产的比例（%）
1	现金及银行存款	2.30	2.30
2	同业存单	–	–
3	拆放同业及买入返售	–	–
4	债券	53.62	53.66
5	非标准化债权类资产	–	17.19
6	权益类投资	–	26.62
7	金融衍生品	–	–
8	代客境外理财投资QDII	–	–
9	商品类资产	–	–
10	另类资产	–	–
11	公募基金	0.23	0.23
12	私募基金	0.54	–
13	资产管理产品	43.31	–
14	委外投资——协议方式	–	–

图 1-2　理财产品的资产持有情况

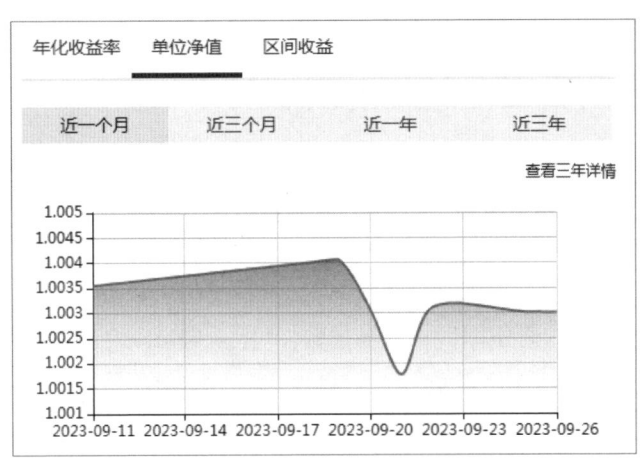

图1-3　净值走势情况

图1-4　封闭式的净值型理财产品

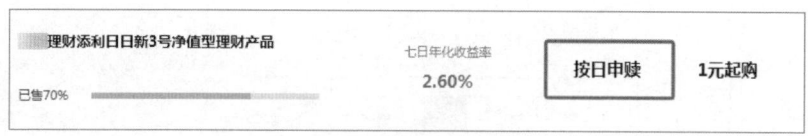

图1-5 开放式的净值型理财产品

3. 收益波动大

相对于传统的保本保收益或是保本浮动收益,净值型理财产品的收益完全根据市场波动而波动,没有刚性兑付,甚至不能保证本金安全,不过大家也不用过分担心,可以根据自己的投资喜好或是目标来选择自己能承担的风险等级,通常情况下,风险越大收益越高,风险越小收益越低。

4. 申购费率和赎回费率

一般情况下,申购费率与投资者购买金额相关,购买金额越大申购费率越低,而赎回费率与持有时间相关,持有时间越长赎回费率越低。

5. 购买门槛低

包括净值型在内的理财产品的投资门槛都很低,甚至有0.01元起投的,不像其他理财产品一般为1万元或是5万元起投。

补充:有两种方法识别或是找到净值型理财产品。

一是理财产品名称或是标识中带有"净值型"字样,如图1-6所示。

图1-6 带有"净值型"标识

二是在银行网站中理财页面的搜索框中选择或是输入"净值型",然后搜索,如图1-7所示。

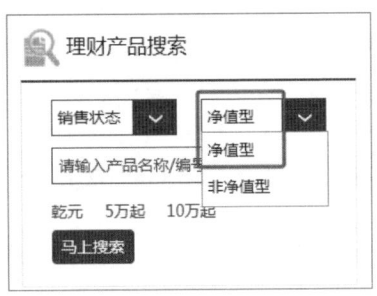

图1-7 搜索净值型理财产品

看到这里,有人不禁会问:什么是非净值型理财?你可以简单将其理解为传统的保本保收益的理财,随着资管新规进一步执行,非净值型理财将会逐步退出历史舞台。

1.1.2 期间与日期术语

无论是在银行理财产品的基本信息板块中,还是在产品说明书中,都有很多的期间或日期术语,大家要想看明白一份理财产品的认购、申购、赎回、确定日、开放日、认购期、存续期、估值日、$T+n$、$T-n$等信息,就必须了解如下的期间和日期术语。

- 交易日:指上海证券交易所和深圳证券交易所的正常开盘交易日。
- 工作日、银行工作日:指除法定节假日和公休日外的其他日期。
- 认购期:指理财计划成立前,理财计划管理人接受理财计划认购的时间。但在该期间内如认购人提交认购申请的认购金额提前达到《产品说明书》所载的发行规模上限的,管理人有权宣布认购期提前结束,停止接受认购申请,该情况下,产品登记日和产品成立日,维持《产品说明书》的约定,保持不变。
- 认购登记日、产品登记日:指管理人对认购人提交的认购申请进行理财计划份额登记的日期。
- 理财计划成立日、产品成立日:指达到《产品说明书》约定的成立条件后,理财产品管理人宣布理财产品成立的日期。

- 理财计划预计到期日：指《产品说明书》中约定的预计到期日，如遇非交易日顺延至下一个交易日。

- 理财计划终止日、理财产品终止日：指理财计划终止之日。根据实际情况，这可以是理财计划预计到期日，或是管理人根据《产品说明书》约定宣布本理财计划早于理财计划预计到期日而终止之日，抑或是宣布理财计划延长后的实际终止之日（含延长后的到期终止之日，以及管理人在延期期限内根据《产品说明书》约定宣布本理财计划终止之日）。

- 理财计划预计存续期、预计存续期：指自理财计划成立日起，至理财计划预计到期日的期间。

- 产品存续期、理财计划存续期：指自理财计划成立日起，至理财计划终止日的期间。

- 估值日：指在存续期间，每个自然日均作为估值日。同时，每日计算每万份的理财收益和七日年化收益率。

- 开放日：指在存续期内，每个交易日均作为开放日，管理人在开放日对投资者的申购、赎回申请进行确认。

- T日：指某一事件或行为发生的当日，简单理解为工作日。

- T+n日：指T日后（不包括T日）的第n个交易日。

- T-n日：指T日前（不包括T日）的第n个交易日。

1.1.3 风险等级

银行理财产品打破保本保收益的刚性兑付后，几乎每一款理财产品都会有明确的字样，即"理财非存款，产品有风险，投资需谨慎"，不仅告知投资者收益不保证，而且本金也会有亏损的风险。同时，以显眼的方式标识理财产品的风险等级，即低风险（R1）、较低风险（R2）、中风险（R3）、较高风险（R4）和高风险（R5）。这五个风险等级分别对应了五种不同的投资风格，即谨慎型、稳健型、平衡型、进取型和激进型。图1-8为风险等级与投资风格的对应示意图。

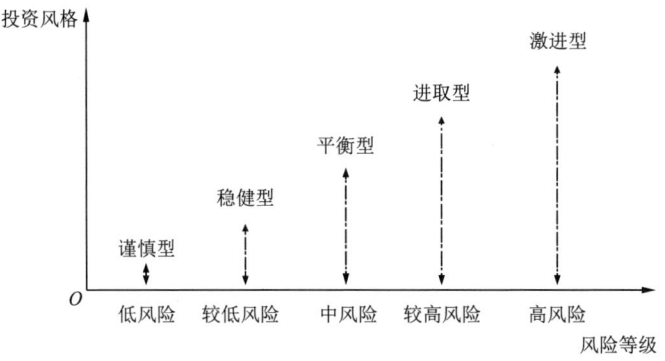

图1-8　风险等级与投资风格的对应示意

补充：风险与收益的关系。

通常情况下，风险等级越高，收益越高，但也不是绝对的，也有风险很低，但是收益相对较高的理财产品，比如某行代销的第10期建信宝按日开放式产品，七日年化收益率为4.17%，风险等级却为低风险，也就是最低风险，如图1-9所示。同风险级别的其他理财产品的收益率只有1.5%～2.35%。所以，大家可以花费一些时间凭运气在不同的银行之间找风险低收益高的理财产品，即捡漏。

图1-9　低风险与高收益的理财产品

下面分别对每一种风险等级进行介绍。

- 低风险：理财产品的总体风险程度低，收益波动小，收益基本上能实现，本金发生亏损的可能性很小，除非遇到极端情况。
- 较低风险：理财产品的总体风险程度较低，收益波动较小，虽然可能对本金和收益产生不利的影响因素，但出现本金亏损和收益为负的可能性仍然较小。
- 中风险：理财产品的总体风险程度处于中间水平，不高也不低，收益存在明显的波动,本金出现亏损的可能性不能忽视(做好本金可能有小幅度亏损的心理准备)。

- 较高风险:理财产品的总体风险程度处于偏高水平,收益存在较大的波动,有时很高,有时很低,甚至为负值,本金出现亏损的可能性进一步加大(做好本金可能有较大亏损的心理准备)。
- 高风险:理财产品的总体风险程度处于最高水平,收益存在很大的波动,有时很高,有时很低,甚至为负值,本金出现亏损的可能性高(做好本金可能有很大程度亏损的心理准备)。

下面介绍在通常情况下看风险等级的两种方式:

一是直接在理财产品的简介中看,如图1-10所示。

图1-10 在简介中查看风险等级

二是在产品说明书中查看(在对应的理财产品介绍中点击"产品说明书",打开电子版产品说明书),如图1-11所示。

延伸:外部风险评级。

有时候,大家会发现同一款理财产品在不同的银行或是渠道销售,风险等级不一样,这是因为除了理财产品的发行银行有一个内部风险评级外,第三方代销银行和销售渠道会再一次进行风险评级,即外部风险评级。这时就会出现内部风险评级和外部风险评级不一致,比如内部风险评级为谨慎型,外部风险评级为稳健型,这时大家以外部风险评级为准。

内部风险评级	风险程度	适合的投资人
★	低	谨慎型
★★	较低	稳健型
★★★	中	平衡型
★★★★	较高	进取型
★★★★★	高	激进型

图1-11 在"产品说明书"中查看风险等级

同时,在银行理财产品的投资过程中,不同风险等级的银行理财产品将会投资到不同的资产标的,这些资产投资标的种类繁多,具体如下。

- 低风险理财产品:主要投资于信用等级高的债券、货币市场等低风险金融产品。对于投资者的主要作用是保值和稳定收益。

- 中低风险理财产品:主要投资于债券、同业存单等低波动性金融产品。对于投资者的主要作用是获得相对稳定的收益。

- 中风险理财产品:主要投资于债券、股票等资产类别。对于投资者的主要作用是平衡风险和收益,也就是用于对冲。

- 较高风险理财产品:主要投资于股票、商品、外汇等高波动性的金融产品且比例超过30%。对于投资者的主要作用是追求较高收益。

- 高风险理财产品:主要投资于股票、外汇、商品等高波动性的金融产品。对于投资者的主要作用是追求更高收益。

作为投资者的我们,怎样来了解自己的风险承受能力,也就是能承担最大的风险等级?通常情况下,在大家开始购买理财产品时,银行都会对投资者进行一次风险承受能力测试,也就是让大家做一套测试题,得出风险承受级别,然后允许投资者购买对应层级的理财产品,比如你的测试结果是进取型,那么,你可以购买包含进取型（较高风险）以下风险等级的理财产品，即进取型、平衡型、稳健型和谨慎型的理财产品。

下面是一份风险等级测试的部分题目，供大家参考。

1. 您目前的个人及家庭财务状况属于以下哪一种：（　　）

A. 有较大数额未到期负债（2分）

B. 收入和支出相抵（4分）

C. 有一定积蓄（6分）

D. 有较为丰厚的积蓄并有一定的投资（8分）

E. 比较富裕且有相当的投资（10分）

2. 您个人目前已经或者准备投资的基金金额占您或者家庭所拥有总资产的比重是多少（备注：总资产包括存款、证券投资、房地产及实业等）：（　　）

A. 80%～100%（2分）

B. 50%～80%（4分）

C. 20%～50%（6分）

D. 10%～20%（8分）

E. 0～10%（10分）

3. 您的年收入是多少：（　　）

A. 20万元以下（2分）

B. 20万～50万元（4分）

C. 50万～150万元（6分）

D. 150万～500万元（8分）

E. 500万元以上（10分）

4. 您的投资经验可描述为：（　　）

A. 除银行储蓄外，基本没有其他投资经验（2分）

B. 购买过银行理财产品（4分）

C. 购买过债券、保险等理财产品（6分）

D. 参与过股票、基金等产品的交易（8分）

E. 参与过权证、期货、期权等产品的交易（10分）

5. 您是否有过基金专户、券商理财计划、信托计划等产品的投资经历，如有，投资时间是多长：（　　）

A. 没有（2分）

B. 有，但是少于1年（4分）

C. 有，1～3年（6分）

D. 有，3～5年（8分）

E. 有，长于5年（10分）

1.1.4　业绩比较基准

资管新规的实施，保本保收益的理财产品逐步退出历史舞台，净值型理财产品成为"主角"，在不能保证本金和收益安全的现实中，投资收益率大部分都会用业绩比较基准来表述，如图1-12所示。

产品信息	发行机构	起点金额	收益率（收益类型）	产品期限
灵珑2023年第17期 2023-10-16 — 到期日 2024-10-16	农银理财有限责任公司	1.00	3.20%-4.00%（业绩比较基准） 主要投资于货币市场工具、债券等，业绩比较基准不代表未来表现和实际收益。	366天
灵珑固收增强第32 2023-10-16 — 到期日 2025-10-16	农银理财有限责任公司	1.00	3.50%-5.20%（业绩比较基准） 主要投资于货币市场工具、债券等，业绩比较基准不代表未来表现和实际收益。	731天
灵珑价值精选第34 2023-10-16 — 到期日 2025-01-16	农银理财有限责任公司	1.00	3.00%-4.50%（业绩比较基准） 主要投资于货币市场工具、债券等，业绩比较基准不代表未来表现和实际收益。	458天

图1-12　收益率为业绩比较基准

我们怎样来理解它？银行或是发行机构的定义是理财产品的管理人根据产品往期业绩表现或同类型产品历史业绩，计算出投资者未来可能获得的收益。简言之，业绩比较基准是一个主观的"预定目标"，不一定能完成，但是管理人一定会用全力去实现它，比如某款理财产品的业绩比较基准是5%，而实际收益率是3%、4.5%或是5%等。当然，如果产品管理人没有让收益率达到业绩比较基准，甚至是亏损，投资者也不能让银行硬性兑付或是补差价，只能远离这款理财产品或是管理人，甚至是换一家银行。如果产品管理人让收益率超过业绩比较基准（即超额收益），则会对多出的收益率部分进行比例提成，作为产品管理人的超额报酬，比如理财产品的业绩比较基准是5%，实际的实现收益率是8%，则3%（8%–5%）是超额收益，产品管理人会在3%的基础上拿走一定比例的投资收益作为报酬。

补充：业绩比较基准可能会调整。

虽然业绩比较基准本就是一个预估数据或是目标，但是，由于净值的波动或是市场的变化导致产品管理人的预期发生变化，所以会出现业绩比较基准变动的情况，如图1-13所示。此时应以公告的方式告诉投资者，这时我们可以根据自己的投资目标进行调整。

序号	产品代码	产品名称	原业绩比较基准	调整后业绩比较基准	调整日期
1	CYQZQ9MA	中银理财-（9个月）最短持有期固收增强理财产品	3.40%-4.40%	2.60%-3.60%	2022/11/18
2	CYQZQ9MB	中银理财-（9个月）最短持有期固收增强理财产品	3.50%-4.50%	2.70%-3.70%	2022/11/18
3	CYQZQ9MC	中银理财-（9个月）最短持有期固收增强理财产品	3.95%	2.60%-3.60%	2022/11/18
4	CYQZQDTYX14MA	中银理财-（14个月）最短持有期固收增强理财产品	4.25%	3.70%-4.70%	2022/11/18
5	CYQZQDTYX14MB	中银理财-（14个月）最短持有期固收增强理财产品	4.35%	3.80%-4.80%	2022/11/18
6	CYQZQDTYX14MC	中银理财-（14个月）最短持有期固收增强理财产品	4.25%	3.70%-4.70%	2022/11/18
7	CYQZQ18MA	中银理财-（18个月）最短持有期固收增强理财产品	4.40%	3.80%-4.80%	2022/11/18
8	CYQZQ18MB	中银理财-（18个月）最短持有期固收增强理财产品	4.50%	3.90%-4.90%	2022/11/18
9	CYQZQ18MC	中银理财-（18个月）最短持有期固收增强理财产品	4.70%	3.80%-4.80%	2022/11/18
10	WFZQ2M001A	中银理财-稳富固收增强（2个月滚续）	2.70%-3.70%	2.00%-3.60%	2022/11/18
11	ZF2Y001A	中银理财-智富（2年滚续）	5.05%	4.60%	2022/11/18
12	ZF3Y001A	中银理财-智富（3年滚续）	5.40%	4.85%	2022/11/18

图1-13　业绩比较基准下调

1.1.5 开放式理财和封闭式理财

银行理财产品的运作模式分为两种：即开放式和封闭式。类似于活期存款和定期存款。

1. 开放式银行理财产品

开放式银行理财产品是指在产品存续期内自由地申购或是赎回，当然，要在约定的开放日和正规渠道进行。它分为定开式、滚动持有期、最短持有期和每日开放四种运作模式。

（1）定开式

它的全称是定期开放型理财产品，是指在特定时期进行开放，让投资者进行申购或是赎回的银行理财产品，一旦错过时间点，则自动进入封闭期，这意味着产品期限被分为一个个周期，每个周期均可在固定的赎回开放日内允许投资者赎回，其余时间内不可赎回，若在一个周期内未赎回，则自动进入下一周期。比如，一款定期开放型理财产品的周期为20天，最长持有10个周期，每个周期的赎回时间为每个周期起息的第17至20天，这4天则是赎回开放日。

图1-14为两款定期开放型理财产品，都是每三个月可赎回。

图1-14 定开式理财产品

（2）滚动持有期

它是指没有固定的到期日期，但有一定投资周期的开放式理财产品。通常情况下都会以1天、7天、14天等期限为投资周期。如果投资者没有在约定的开放期内进行认购、赎回、追加等，账户内的资金会自动转投进入下一周期。因为这里的资金包括本金和利息，所以可以实现复利效果。

需要投资者注意的是：如果有部分赎回，且又想进入下一投资周期，账户里面的余额必须高于该理财产品的最低限额。同时，赎回的时间是T+1，即工作日申请赎回，第二个工作日资金才能返回到投资者的账户中。图1-15为滚动7天周期的理财产品。

图1-15　滚动持有期的理财产品

（3）最短持有期

它是指当投资者购买指定理财产品后，必须持有一段期限后，才能随时进行赎回操作，如果不满足最短持有期限规定，则无法赎回。在理财产品的名称中通常包含"最短持有"字样。图1-16为最短持有90天的理财产品。

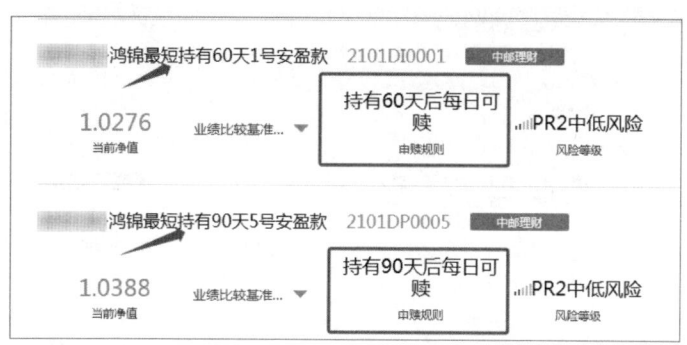

图1-16　最短持有期的理财产品

（4）每日开放

它是指投资者可以每天根据自己的意愿对理财产品进行申购或是赎回，没有封闭期限和起始日期的限制，资金流动性高且灵活，类似于活期存款或是余额宝的存取自由。因此，受到很多投资者的喜爱。这类理财产品名称里一般带有日开、每日开放等字样，如图1-17所示。

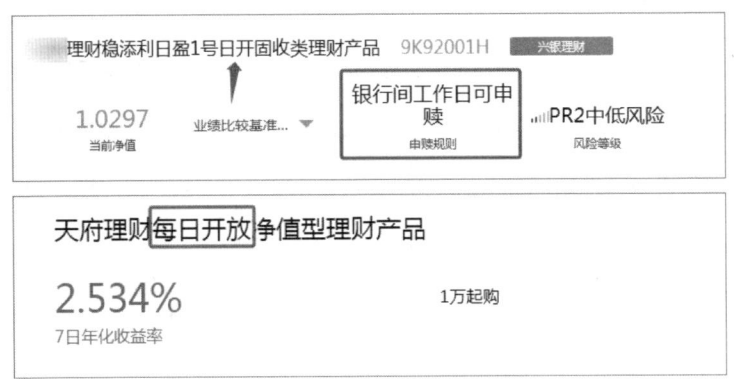

图1-17　每日开放的理财产品

2. 封闭式银行理财产品

它是指理财产品设定了固定的封闭期，即约定固定的赎回期。在此期间，投资者不能进行提前或是部分赎回，必须等到产品到期后才能自动赎回。这类理财产品中通常带有封闭式等字样，如图1-18所示。

图1-18　封闭式理财产品

因此，大家在购买封闭式理财产品时，一定要做好资金规划，最好是长时间不需要使用的资金。不过，它有一个明显的好处就是收益率会高于开放式的理财产品。

1.1.6 多个收益率怎么解读

大家会发现业绩比较基准的收益率数字有时候只有一个,有时候是两个比值的区间范围,有时候是三个比值的区间范围,有时候是一个计算公式。我们应该怎么去解读、理解呢?下面分别展开介绍:

1. 一个收益率

如果业绩比较基准只有一个收益率,比如业绩比较基准为3%,则是单一数值型业绩比较基准。这种直观的展示方式使投资者能够轻松判断其收益水平是否符合自己的投资目标,以及相较于其他同类理财产品是否更具吸引力。

图1-19为两款单一数值型业绩比较基准的银行理财产品。

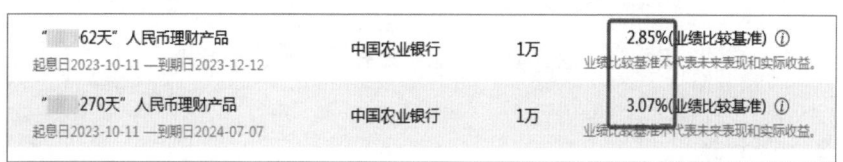

图1-19 收益率为单一数值型的业绩比较基准

2. 多个收益率

它是指业绩比较基准是一个区间范围,比如3%~3.5%、3.5%~4%等,相对谨慎且有弹性,能做到攻守兼备的同时给管理人留足了操作空间,如图1-20所示。

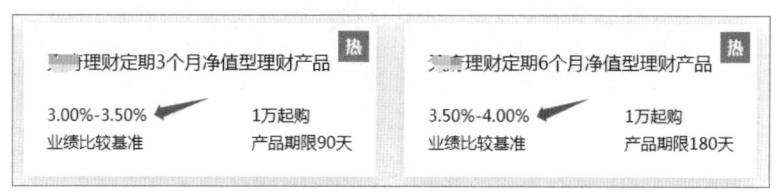

图1-20 多个收益率(区间数值型业绩比较基准)

大家在查看区间数值型业绩标准时,可以带着两个逻辑进行对比和评判,一是最低收益率是多少,二是最高收益与最低收益之间的差值。前者表示最低目标,后者表示波动范围,差值越大波动越大,反之越小,越稳定。

因此，在对比选择两款理财产品时，如果最低收益相同，则优先考虑波动较小的理财产品。图1-21中的两款理财产品的最低收益率是3.2%，但是，第二款（下图）理财产品的收益波动3.6%-3.2%=0.4%小于第一款（上图）的理财产品的收益波动3.8%-3.2%=0.6%。如果投资者追求相对稳定的波动，可以选择第二款理财产品。

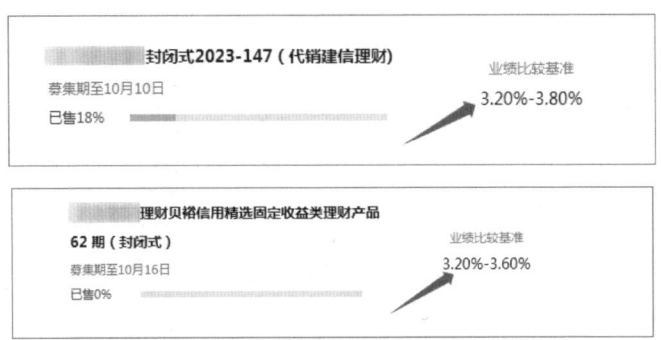

图1-21　区间数值型业绩比较基准的波动对比

3. 加减计算

它是指依据基准利率和市场化利率做"加减法"，比如业绩比较基准为一年定期存款基准利率+上浮一定比例，也被称为基准利率或市场化利率型的业绩比较基准。主要用于追求绝对收益的理财产品。

如图1-22所示，业绩比较基准为：七天通知存款利率+1.15%的上浮比例。

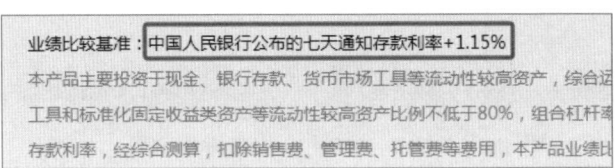

图1-22　基准利率+上浮比例的业绩比较基准

4. 指数或指数组合

它是指以指数或指数组合为收益依据，主要适用于追求高收益的理财产品，比如业绩比较基准为5%×沪深300指数收益率+95%×中债-优选投资级信用债全价(总值)指数收益率，如图1-23所示。

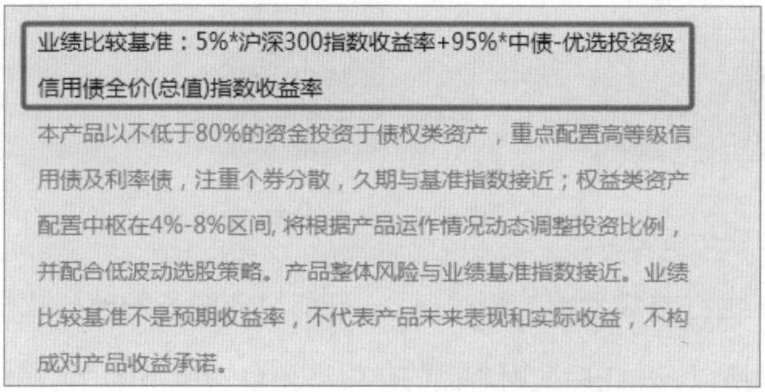

> 业绩比较基准：5%*沪深300指数收益率+95%*中债-优选投资级信用债全价(总值)指数收益率
>
> 本产品以不低于80%的资金投资于债权类资产，重点配置高等级信用债及利率债，注重个券分散，久期与基准指数接近；权益类资产配置中枢在4%-8%区间，将根据产品运作情况动态调整投资比例，并配合低波动选股策略。产品整体风险与业绩基准指数接近。业绩比较基准不是预期收益率，不代表产品未来表现和实际收益，不构成对产品收益承诺。

图1-23　指数组合型业绩比较基准

延伸：理财产品周六和周日是否有收益？它主要取决于理财产品的投资类型或是领域，分为以下两种情况：

一是如果理财产品属于固收类资金(包括债券、现金工具等)，债券交易的收益没有，因为周六和周日债券市场不交易，但是债券产生的利息会有一定的收益，并且在下一个交易日中合计显示。

二是如果理财产品属于权益类资产(股票等)，由于股市在周六和周日或是法定节假日不交易，则没有收益。

1.1.7　分红模式

理财产品的分红是对投资收益进行分配，也就是在产品单位净值大于1的前提下(即理财产品盈利，不发生亏损)，产品管理人依据产品说明书约定的方式和时间，将理财产品的投资收益分配给产品持有人。分红模式有两种：现金分红和红利再投资。

1. 现金分红

它是指将投资收益通过现金形式发放给投资者，且自动将相应的金额自动转入投资人绑定的银行卡中，因此，既不需要投资者进行赎回操作，也不需要缴纳赎回费。

图1-24为现金分红(理财产品的基本信息中可以查看到)。

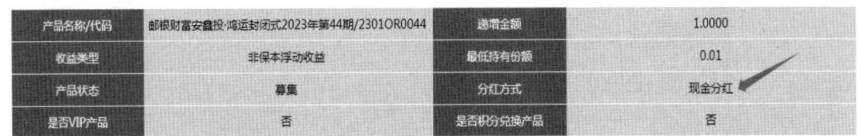

图1-24　现金分红

现金分红主打落袋为安的投资理念，是将净值增长的部分或全部投资收益进行"兑付"，所以，分红后理财产品的单位净值会有所下降，通常情况下会回到1元，比如，分红前的产品净值是1.35，其中超出1部分的0.35作为分配给投资者的红利进行下发，分红后产品净值变成1，即1.35（分红前净值）-0.35（分配红利）=1（分红后净值）。

如果进一步细化，现金分红还可以分为两种计算方式，即按份额分配和按资产净值分配。前者是指将分红总额按照每位投资者所持有的份额进行分配，每份的分红金额相同。后者是指将分红总额按照理财产品的资产净值进行分配，每份的分红金额会随着产品资产净值的变化而变化。

2. 红利再投资

对于红利再投资的理财产品，每日分红的计算方式比较简单。只需要将前一天的分红收益再次购买理财产品，然后按照产品的年化收益率（本金×年化收益率×理财天数÷365天）计算出每日的收益即可。比如，理财产品的年化收益率为4%，前一天的分红收益为100元，那么，当日的收益=100×4%÷365≈0.01元，第二个交易日自动转换为份额。

图1-25为理财产品的红利，每份的收益为0.019 6元，如果你选择的分红方式是红利再投资，则自动转换为产品份额0.019 6份。

图1-25　基金分红再投资

红利再投资的基本逻辑是投资者看好目标理财产品的未来,简言之,看好自己选择的理财产品在未来会继续赚钱,并且收益率符合自己的预期。

1.1.8 投资范围和比例

有时候我们会听到有人说理财产品底层资产是怎么配置的?你可能听得一头雾水,其实,他问的是理财产品的投资范围和比例,毕竟银行的理财产品多种多样,每一款理财产品的可选投资范围包括股票、债券、货币市场工具、金融衍生品等,比例也会根据投资目标(业绩比较基准)进行配置。

作为投资者的我们,可以在产品说明书中或是产品基本信息中查看。图1-26为一份固收类的产品,主要投资于存单、存款、债券回购、信用债和利率债。

> (一)投资范围
> 本理财产品募集的理财资金主要投资于国债、地方政府债券、中央银行票据、政府机构债券、金融债券、银行存款、债券回购、大额存单、同业存单、公司信用类债券、在银行间市场和证券交易所市场发行的资产支持证券、公募证券投资基金、其他债权类资产、权益类资产、资产管理产品以及国务院银行业监督管理机构认可的其他资产。其中投资的资产管理产品需符合本产品约定的投资范围。
> (二)资产配置比例
> 1.本产品各类资产的投资比例为:固定收益类资产的比例不低于产品资产净值的80%。
> 本产品将会在产品成立日之后的6个月内使资产配置比例符合上述规定。非因产品管理人主观因素导致突破上述比例限制的,产品管理人应当在流动性受限资产可出售、可转让或者恢复交易的15个交易日内将理财产品投资比例调整至符合要求。国务院银行业监督管理机构规定的特殊情形除外。
> 2.本产品的总资产不得超过产品净资产的140%。

图1-26 投资范围和比例

从图1-26中我们无法看到各种资产的具体投资比例,对于这种情况,我们可以在产品基本信息的比较基准模块中查看,如图1-27所示。

> 业绩比较基准: 本产品的业绩比较基准,以产品募集期及产品存续期内银行官方网站或电子渠道公告的信息为准。
> 本产品为固定收益类产品,产品业绩比较基准以投资现金、到期日在一年以内的利率债等高流动性资产仓位0至20%,同业存单、存款、债券回购、信用债等固定收益类资产仓位80%至100%,股票等权益类资产仓位0至20%,公募基金仓位0至40%为例,综合考虑产品投资策略和市场环境等因素测算,仅作为管理人计算浮动管理费的依据,不代表理财产品未来表现,不等于理财产品实际收益,不作为理财产品收益的业绩保证,也不构成银行对产品收益的承诺,投资者所能获得的最终收益以银行实际支付的为准,投资需谨慎。

图1-27 投资资产的具体比例

查看投资范围和比例的目的有以下三个：

一是查看配置的资产是否合理，比如股票市场处于熊市时，股票类资产配置的比例过高，则有可能会让风险加大，甚至导致本金亏损，这时你需要考虑是否购买该理财产品（一定要记住基金经理也有判断错误的时候，而且有很多先例）。

二是查看股票类或是权益类的比例配置，比例越大波动越大，如果有衍生品配置，产品管理人则是为了进行对冲，减少波动，以确保目标收益的实现。

三是对比两款理财产品时，选择收益波动符合自己的承受范围。

例如，产品A的投资范围和比例：本产品为固定收益类产品，产品业绩比较基准以投资现金、到期日在一年以内的利率债等高流动性资产仓位0～20%，同业存单、存款、债券回购、信用债等固定收益类资产仓位80%～100%，股票等权益类资产仓位0～20%，公募基金仓位0～40%。

产品B的投资范围和比例：本产品为固定收益类产品，产品业绩比较基准以投资现金、到期日在一年以内的利率债等高流动性资产仓位0～10%，同业存单、存款、债券回购、信用债等固定收益类的业绩比较基准资产仓位70%～80%，股票等权益类的资产仓位0～40%，公募基金的仓位0～40%。

那么，产品B相对于产品A的收益波动率会更高，当然，由于风险与盈亏同源，产品B的收益率也会比产品A的高一些。

1.1.9 理财产品成本费用

大家购买银行理财产品，是将我们的钱交给产品管理人去打理，以实现赚钱的目的。因此，涉及管理费和托管费。同时，理财产品又有认购、申购、赎回和代销，涉及认购费、申购费、赎回费和代销服务费、税费。这些费用都是投资者的成本费用，理财产品的收益需要扣除这些费用，最后才是自己投资所得，即理财产品的实际收益=总收益-成本费用。

通常情况下，理财产品都会在理财产品的基本信息或是产品说明中进行展示，如图1-28所示。

赎回规则	赎回时间：本产品收益通过分红转份额方式进行分配，将收益按日结转到投资者理财账户，增加投资者理财账户份额
	赎回金额：1份起赎
	赎回费率：无
	赎回确认：赎回申请下一个工作日确认，并完成赎回资金到账。
收益规则	客户收益：本产品收益通过分红转份额方式进行分配，将收益按日结转到投资者理财账户，增加投资者理财账户份额
	产品费用：销售费:0.15%/年;管理费:0.2%/年;托管费:0.02%/年;不收超额业绩报酬。若优惠费率以产品说明书为准

（二）产品费用计提方法和计提标准

1. 固定销售费：本产品固定销售费按前一自然日产品资产净值的0.15%/年费率每日计提。S＝E×0.15%÷365，S为每日应计提的固定销售费，E为前一自然日产品资产净值（下同）；

2024年9月27日（含）之前利投资者，固定销售费率优惠为0.10%/年；2024年9月28日（含）起固定销售费率调整为0.15%/年。

2. 固定管理费：本产品固定管理费按前一自然日产品资产净值的0.20%/年费率每日计提。H＝E×0.20%÷365，H为每日应计提的固定管理费；

2024年9月27日（含）之前利投资者，固定管理费率优惠为0.10%/年；2024年9月28日（含）起固定管理费率调整为0.20%/年。

3. 托管费：本产品托管费按前一自然日产品资产净值的0.02%/年费率每日计提。G＝E×0.02%÷365，G为每日应计提的托管费；

4. 超额业绩报酬：本产品不收取超额业绩报酬。

图1-28 理财产品的成本费用

1. 认购费

它是指投资者在产品募集期内购买产品份额时所交纳的手续费，目前国内通行的认购费计算方法为：认购费=认购金额×认购费率；认购费率通常在1%左右，并随着认购金额的大小有相应的减让。如果理财产品因为认购额度没有达到最低金额，可能会被撤销，认购费会全部返还。

2. 申购费

它是指投资者在开放期内购买理财产品的手续费。比如，你在开放日购买一款低风险理财产品，银行则会按照你购买的份额和费率进行收费。由于银行之间的竞争加大，为了吸引客户，很多理财产品的申购费都为0，即免费。不过，需要注意的是，不是所有银行或是任何时间。因此，大家在申购理财产品前一定要看清楚。

申购后，如果产品的总认购金额达不到产品管理人设定的最低份额或是规模下限，比如认购总金额没有达到最低的5亿元，则该理财产品可能会不成立而被取消，投资者不得不再去花时间寻找其他理财产品，导致时间成本增加。因此，在申购时，我们可以先查看理财产品的认购比例，看看剩多少和认购热度如何，如果很冷清或是人气不旺，则可以再等等或是直接放弃。

比如，如图1-29所示，该理财产品的申购时间为2023年10月10日至17日，在2023年10月12日申购的比例仍然为0，作为潜在的投资者可以果断放弃该理财产品。

图1-29　理财产品已经申购的占比

3. 管理费

它是指由产品管理人收取的管理费用，毕竟产品的管理人是进行投资的具体执行人，他们的操作直接影响着投资者的收益，需要付出很多时间和精力。通常情况下，管理费用分为固定管理费用和浮动管理费用。

其中，固定管理费通常是按年收取，而且产品管理人会每日进行自动扣划，比如产品的管理费为0.15%/年，如果你购买10万元的理财产品，则每年需要缴纳150元的管理费用，每日需要从投资者的账户中自动扣划走150÷365%=0.41（元）。

如图1-30所示，某产品的固定管理费为0.20%/年，为了让利于投资者，2024年9月27日（含）之前，下调固定管理费的费率为0.10%/年。

> **2. 固定管理费**：本产品固定管理费按前一自然日产品资产净值的0.20%/年费率每日计提。H=E×0.20%÷365，H为每日应计提的固定管理费；
> 2024年9月27日（含）之前让利投资者，固定管理费率优惠为0.10%/年；2024年9月28日（含）起固定管理费率调整为0.20%/年。

图1-30　固定管理费的费率

另外，浮动管理费是指超额管理费，也被称为超额业绩报酬，与产品的业绩挂钩,是指理财产品运作收益超过业绩报酬时所提取基准的部分,并按照一定的比例提取并支付给管理人的费用,如图1-31所示。

产品费用	本产品费用包含固定管理费、销售服务费、托管费、估值核算服务费、产品应承担的各项税费等相关费用。 1.固定管理费年化费率为0.10%、销售服务费年化费率为0、托管费年化费率为0.008%、估值核算服务费年化费率为0.002%,上述费用按日计提,定期收取。 2.若扣除各项费用后,产品每日的年化收益率超过业绩比较基准上限,则成都农商银行收取超出部分的95%作为浮动管理费。 3.本产品不收取申购费和赎回费。

图1-31 浮动管理费的计算方式

那么,判断是否达到业绩报酬的标准的直接标准或分界线是业绩比较基准。假如产品管理人将业绩比较基准设定为4%,那么当产品的收益率超过4%时,超出部分的收益将按照约定比例作为产品管理人的酬劳。

例如你购买10万元的理财产品,业绩比较基准是3.5%~4%,约定的超出业绩上限时计提超出部分的50%为浮动管理费。此时,理财产品的实际收益率为5%,那么获利的5 000元中有4 000元是你的,1 000元是你和管理人共有且各50%,即500元作为浮动管理给产品管理人,所以,你最终的收益是4 500元。

4. 托管费

产品管理人为投资者打理理财产品,用自己的专业知识帮投资者尽可能地实现投资预期,即赚钱。但是,产品管理人无法接触到理财产品池里的钱,目的是保证投资者的钱是安全的,不会被产品管理人私自卷走。所以,理财产品募集的钱款必须托管在第三方(一般是指商业银行或是母行),并收取一定比例的托管费,按日提取,计算公式为:托管费=前一日本理财产品资产净值×年化托管费率÷365。

如图1-32所示,该产品的托管费率为0.02%/年。

3.**托管费**:本产品托管费按前一自然日产品资产净值的0.02%/年费率每日计提。G=E×0.02%÷365,G为每日应计提的托管费;

图1-32 托管费的计算方式

例如，你购买10万元的理财产品，托管费率为0.02%/年，则每日提取的托管费为：100 000×0.02%÷365≈0.06（元）。

5. 销售服务费

大家可以将销售服务费简单理解为辛苦费或是中介费。因为代销机构是帮其他银行或是理财子银行销售某款理财产品，比如农行代销工行的理财产品，建行代销理财子公司的理财产品，如图1-33所示，就会收取销售服务费。而且是每日都会收取，直到投资者赎回理财产品。

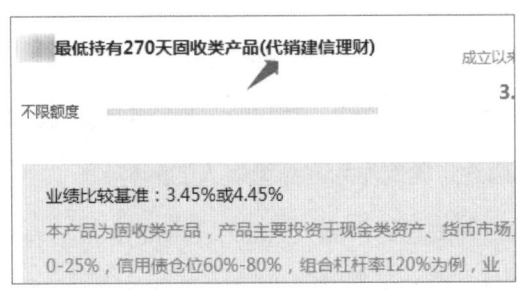

图1-33　代销理财

每一款理财产品或是每一家银行的销售服务费不一样，我们可以在产品说明书中看到，如图1-34所示。

1. 固定销售费：本产品销售费按前一自然日产品资产净值的0.30%年费率计提，S＝E×0.30%÷当年天数，S为每日应计提的销售费，E（下同）为前一自然日产品资产净值（2023年12月31日（含）之前让利投资者，固定销售费率优惠为0.20%/年，2024年1月1日起，固定销售费率恢复为0.30%/年）；

图1-34　销售服务费的约定条款

对于一些投资新人而言，他们会单纯地将代销理解为不同银行之间的销售行为，比如建行代销工行的理财产品。其实，代销还存在于银行内部，即母行与理财子公司之间。那么什么是理财子公司？可简单理解为商业银行将其内部的资产管理部或是理财业务部门脱离，变为其子公司，将代客理财作为其主营业务（大家不用再去掌握什么表内资产和表外资产等复杂知识，因为在我们的投资理财中一般用不上），比如工银理财、建信理财、交银理财、农银理财、光大理财等。

第1章　银行理财与基金的必要知识

如果你想规避销售服务费的理财产品，可以选择银行自营的理财产品，如图1-35所示。

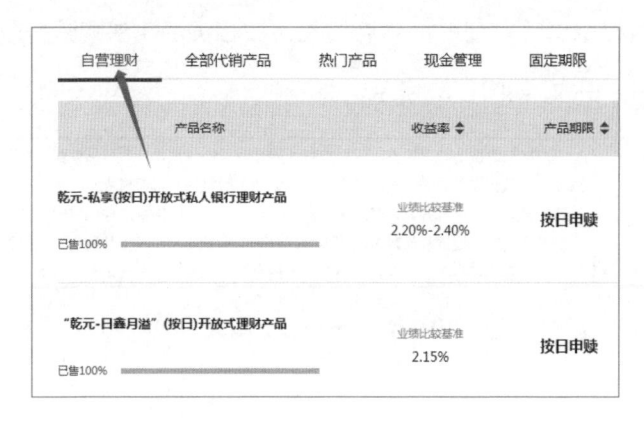

图1-35　银行自营的理财产品

6. 赎回费

它是指投资者在开放日或是条款约定将理财产品赎回时被扣划的费用。发行银行为了鼓励投资者长期持有产品，做长线投资，往往会采用分档的收费方式，比如持有0～1年的赎回费为0.5%，1～2年的赎回费为0.25%，持有两年以上的赎回费为0。计算公式为：赎回费=赎回金额×赎回费率。

如图1-36所示，赎回费率为0，也就是免赎回费。

认购/申购费率	0
赎回费率	0
托管费（年化）	0.03%
销售手续费（年化）	0.40%
固定管理费（年化）	0.30%

图1-36　赎回费率为0

除了赎回，大家常会听到强制赎回，它是指提前赎回，即规定期限没有到，却被银行全部强制赎回，不管投资者持有多少数量，赎回的资金都会直接回到投资者的银行卡里面。也就意味着不是投资者作出了赎回动作，而是产品管理人。所以，投资者不需要缴纳费用，不过可能会出现亏损。毕竟被产品管理人强制赎回的理财产品要么不符合资管新规,要么出现收益预期与预定目标严重不符。

7. 税费

它是针对投资者购买理财产品后的收益按相关法律法规进行收税,直接从投资者的账户中提取,如图1-37所示。

税款	根据财政部、国家税务总局相关税收监管政策的规定,理财产品运营过程中发生的增值税应税行为,以管理人为增值税纳税人,计算并缴纳增值税及附加税费。产品管理人将按照相关规定计算应缴纳的税费,并从理财产品财产中支付。后续国家法律法规如对相关税收政策进行调整,产品管理人有权根据税收政策相应调整理财产品运营过程中发生的税费的承担方式。投资者从理财产品取得的收益应缴纳的税款,由投资者自行申报及缴纳。

图1-37 税费扣划条款

1.2 基金的必要知识

当我们第一次接触基金时,基本上是什么都看不懂。因此,在投资基金前,我们需要先踏踏实实地掌握一些最常用的基金术语和必要知识。

1.2.1 基金分类

虽然基金的大类型没有多少,但是它们往往是你中有我、我中有你,不管是新手还是老手,都容易被绕晕,因此,我特意将其归类并理顺,让大家一次性看明白。

为了能把这么庞大的类型体系讲解清楚,我先给大家讲解基金的几大类型,然后讲解具体分支,大家可以对照图1-38看文字内容,这样更容易理解。

- 一级市场:是指发行市场或初级市场,是资本需求者将证券首次出售给公众时形成的市场,也是新证券和票据等金融工具的买卖市场。
- 二级市场:简单理解为股票市场,是交易的市场。

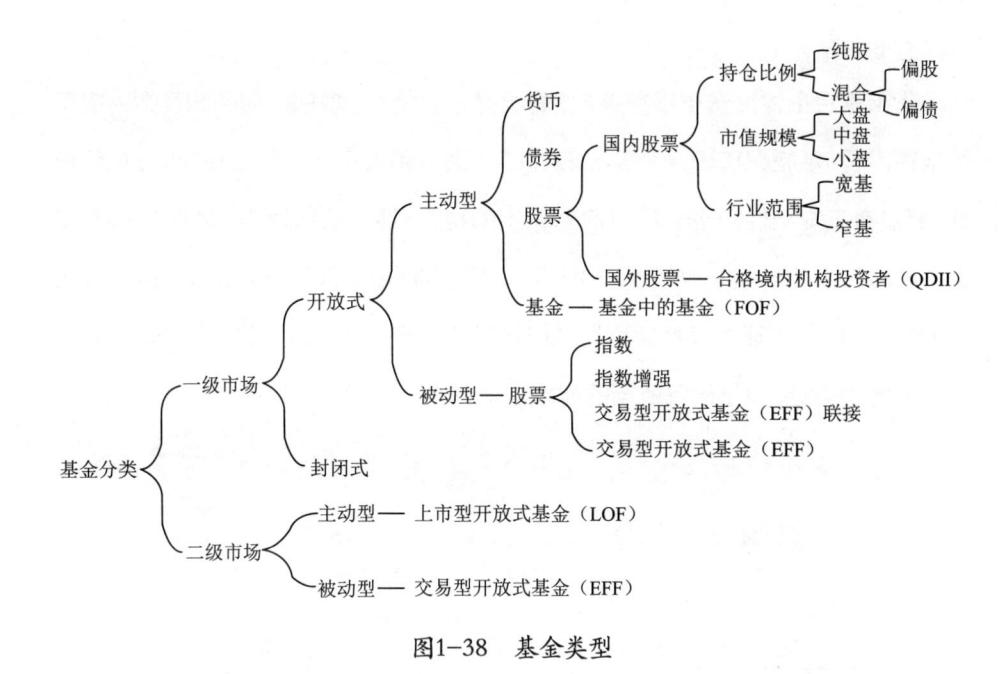

第1章 银行理财与基金的必要知识

```
                                                          ┌─ 纯股
                                            ┌─ 持仓比例 ┬─ 偏股
                                            │          └─ 混合 ─ 偏债
                            ┌─ 货币          │          ┌─ 大盘
                            │                ├─ 市值规模 ┼─ 中盘
                            │   ┌─ 债券      │          └─ 小盘
                    ┌─ 主动型┤   │           │          ┌─ 宽基
                    │       │   │─ 股票 ─ 国内股票       └─ 行业范围 ─┤
                    │       │   │                                    └─ 窄基
                    │       │   │─ 国外股票 ── 合格境内机构投资者（QDII）
            ┌─ 开放式┤       └─ 基金 ── 基金中的基金（FOF）
            │       │                  ┌─ 指数
   ┌─ 一级市场┤       │                  ├─ 指数增强
   │        │       └─ 被动型 ── 股票 ┼─ 交易型开放式基金（EFF）联接
基金分类┤        │                         └─ 交易型开放式基金（EFF）
   │        └─ 封闭式
   │        ┌─ 主动型 ── 上市型开放式基金（LOF）
   └─ 二级市场┤
            └─ 被动型 ── 交易型开放式基金（EFF）
```

图1-38 基金类型

- 开放式基金：投资者可以自由地购买和赎回，没有时间的限制，类似于活期存款或是余额宝。

- 封闭式基金：投资者申购后，需要在指定期限后才能赎回，比如封闭期3年或是至少持有90天等。

- 主动型基金：在约定投资范围和比例内，基金经理会运用自己的才能根据自己的投资风格灵活地选择资产或是调整组合比例等，努力实现业绩比较基准的收益和α收益（超额收益）。当然，这一类基金对基金经理的能力要求较高。

- 被动型基金：基金经理不需要有过多的主观性操作，完全复制和跟踪目标指数进行资产配置，追求的是被动收益。

- 公募基金：募集对象是广大社会公众，即社会不特定的投资者。投资门槛低，一分钱就可以买入。

- 私募基金：募集的对象是少数特定的投资者，包括机构和个人。投资门槛较高，最低几万元或几十万元。

1. 货币基金

货币基金主要投资于银行存款、高质量企业债券、短期国债回购及中央银行票据等，不涉足股票市场，经常与国家机关、银行和大企业进行交易，因此风险极低，且具有高安全性、高流动性、收益稳定的特点，通常被称为"准储蓄"（各类基金中风险最小的一类），如图1-39所示。尽管其收益率很低，仅略高于传统银行存款利率，但对于那些寻找回避证券市场风险的企业和个人来说，货币基金是一个天然的避风港，也是闲置资金的理想去处。

基金代码	基金名称	单位净值	万份收益	日期	7日年化	14日年化	28日年化	35日年化	近1月
004973	长城收益宝货币B	--	0.6146	10-23	2.2080%	2.29%	2.35%	2.37%	0.19%
016778	长城收益宝货币C	--	0.6146	10-23	2.2080%	2.29%	2.35%	2.37%	0.19%
004121	兴银现金添利A	--	0.6330	10-23	2.5110%	2.50%	2.56%	2.51%	0.21%
002234	泰信天天收益货币B	--	0.6401	10-23	2.2550%	2.26%	2.23%	2.27%	0.19%
001821	兴全天添益货币B	--	0.5577	10-23	2.1860%	2.21%	2.41%	2.39%	0.20%
740602	长安货币B	--	0.8771	10-23	2.3460%	2.28%	2.33%	2.28%	0.19%
000830	易方达天天发货币B	--	0.6409	10-23	2.3780%	2.29%	2.41%	2.35%	0.19%
000790	易方达龙宝货币B	--	0.6524	10-23	2.1810%	2.19%	2.34%	2.30%	0.19%
002890	交银天利宝货币E	--	0.6126	10-23	2.0410%	2.09%	1.89%	1.93%	0.16%

图1-39 基金类型

2. 债券基金

它又被称为债券型基金、固定收入基金，是指以投资各种类型债券为主的基金，其主要标的是国债、金融债和企业债。其中，以债券为主的含义是至少80%的资产投资于债券，剩余20%左右的资产可投资于股票、衍生品或是非标等。由于是债券，也就是借钱放债，所以，最终收益的风险主要来源于利率风险和信用风险，如果遇到企业违约或是破产，投资人肯定会面临损失，当然，这种风险肯定较小。

补充：货币基金和债券基金最直接的区别是前者投资货币市场，后者投资债券市场。同时，前者的流动性肯定高于后者，毕竟借债给他人，不能随时让借款人还钱，必须到约定时间才行。

图1-40展示的是一只债券型基金。

单位净值（2023-10-23）
1.9341 0.03%
累计净值
2.2840
近1月：0.07%　　近3月：0.26%　　近6月：135.59%
近1年：136.02%　近3年：107.56%　成立来：143.30%
基金类型：债券型-长债｜中低风险　基金规模：0.69亿元（2023-06-30）　基金经理：陈双双
成立日：2017-01-11　管理人：金鹰基金　基金评级：★☆☆☆☆

图1-40　债券型基金

3. 股票基金

股票基金是指持仓中股票占比60%以上的公募基金。其收益最大、风险也最高。按照其管理方式的不同，可分为主动型股票基金和被动型股票基金。

（1）开放式→主动型→股票基金

它是指可以自由申购和赎回且由基金经理操盘以追求收益的股票型基金，可细分为以下几种类型：

一是股票型基金。

它是指持仓股票占80%以上的基金，剩余的20%，基金经理可投资于其他非股票资产，比如债券、现金等，其风险高但收益也高，如图1-41所示。

有人会问：与其投资股票基金承担高风险，为什么不直接投资股票？答案很简单，股票基金是股票和其他资产构成的投资组合，即使其中某只股票下跌严重，而其他股票和资产不可能同时下跌，有可能持平或是上涨，所以，它可以起到分散风险的作用。

近1月：-4.10%	近3月：-8.62%	近6月：-8.56%
近1年：26.95%	近3年：57.64%	成立来：46.76%

基金类型：股票型 | 高风险　　基金规模：11.26亿元（2023-06-30）　　基金经理：陈颖

资产配置明细　　　　　　　　　　　　　　　　来源：基金定期报告

报告期	股票占净比	债券占净比	现金占净比	净资产（亿元）
2023-06-30	93.67%	0.29%	14.42%	11.26
2023-03-31	89.82%	---	11.88%	7.08
2022-12-31	91.02%	---	9.15%	3.17
2022-09-30	94.84%	---	5.45%	2.66
2022-06-30	93.00%	---	6.35%	2.90
2022-03-31	94.55%	---	6.61%	4.03
2021-12-31	91.96%	---	7.29%	3.03

图1-41　股票型基金

二是混合型基金。

按持仓比例的不同，混合型基金分为偏股型基金和偏债型基金。如果基金管理人将股票作为主要配置资产，则是偏股型混合基金，如图1-42所示。

近1年：24.76%	近3年：13.96%	成立来：71.54%

基金类型：混合型-偏股 | 中高风险　　基金规模：6.90亿元（2023-06-30）　　基金经理：陈颖

成 立 日：2012-05-23　　管理人：金鹰基金　　基金评级：★★★★★

报告期	股票占净比	债券占净比	现金占净比	净资产（亿元）
2018-12-31	71.33%	---	16.50%	8.70
2018-09-30	68.76%	---	15.97%	10.30
2018-06-30	71.27%	---	16.13%	12.13
2018-03-31	79.56%	---	11.83%	14.05
2017-12-31	82.74%	---	18.38%	18.92
2017-09-30	94.89%	---	6.53%	26.27
2017-06-30	94.92%	---	6.13%	32.08

图1-42　偏股型混合基金

如果基金管理人将债券作为主要配置资产，则是偏债型混合基金，如图1-43所示。

第1章　银行理财与基金的必要知识

近1年: -3.52%　　　　近3年: 2.69%　　　　成立来: 124.90%

基金类型: 混合型-偏债 | 中高风险　基金规模: 27.07亿元（2023-06-30）　基金经理: 李中阳

报告期	股票占净比	债券占净比	现金占净比	净资产（亿元）
2023-06-30	34.49%	93.74%	0.82%	27.08
2023-03-31	33.91%	96.85%	1.91%	38.84
2022-12-31	35.06%	95.15%	1.51%	42.08
2022-09-30	35.21%	97.30%	1.72%	52.92
2022-06-30	29.10%	80.94%	0.19%	70.96
2022-03-31	34.92%	63.66%	1.13%	90.36
2021-12-31	39.58%	73.70%	1.31%	109.63
2021-09-30	39.41%	76.76%	0.89%	87.13
2021-06-30	39.21%	65.74%	0.98%	60.47
2021-03-31	39.47%	71.56%	0.69%	40.35
2020-12-31	39.07%	77.79%	2.17%	27.08

图1-43　偏债型混合基金

如果股票和基金的配置比例差不多，则是平衡型基金。如果股票和基金的持仓比例没有固定，基金管理人可以随着市场的变动而灵活调整股票和债券的比例，则是灵活型混合基金，如图1-44所示。

基金类型: 混合型-灵活 | 中高风险　基金规模: 6.60亿元（2023-09-30）　基金经理: 董山青

2019-03-31	91.49%	2.29%	6.07%	0.84
2018-12-31	93.65%	---	6.82%	0.61
2018-09-30	93.93%	---	6.62%	0.68
2018-06-30	92.71%	---	7.88%	0.75
2018-03-31	93.63%	---	6.93%	0.95
2017-12-31	94.89%	---	5.77%	0.91
2017-09-30	94.79%	0.00%	5.11%	2.04
2017-06-30	55.23%	40.41%	9.34%	2.96
2017-03-31	35.36%	61.28%	2.02%	3.29
2016-12-31	29.22%	64.93%	0.55%	3.72
2016-09-30	12.20%	81.47%	0.98%	3.77
2016-06-30	5.16%	70.28%	1.65%	4.43

图1-44　灵活型混合基金

三是大盘基金、中盘基金、小盘基金。

根据基金投资的方向分为大盘基金、中盘基金和小盘基金。简言之，如果基金投资大盘股，就是大盘基金，如果投资中盘股，就是中盘基金，如果投资小盘股，就是小盘基金。因为没有固定的划分标准，我们通常采用一种简单而粗略的方法区分，即通常情况下，大盘股是指总股本或市值在10亿元以上，比如国企类的钢铁、石化、银行、券商、白酒等公司，对股指的影响较大。中盘股是指总股本或市值在1亿元至10亿元。小盘股是指总股本或市值在1亿元以下。如果你的投资风格偏向于稳重，可以选择大盘基金。如果你的投资风格倾向于成长，可以选择小盘基金，如图1-45所示。

序号	股票代码	股票名称	最新价	涨跌幅	相关资讯	占净值比例	持股数（万股）	持仓市值（万元）
1	688608	恒玄科技	108.00	-0.39%	变动详情 股吧 行情	10.13%	82.00	9,565.30
2	688486	龙讯股份	98.47	4.06%	变动详情 股吧 行情	9.99%	100.00	9,430.00
3	688099	晶晨股份	57.20	0.18%	变动详情 股吧 行情	9.95%	149.00	9,394.45
4	688088	虹软科技	35.60	-0.56%	变动详情 股吧 行情	9.93%	231.00	9,378.60
5	688270	臻镭科技	46.83	-0.36%	变动详情 股吧 行情	9.02%	176.00	8,518.40
6	688582	芯动联科	35.21	3.71%	变动详情 股吧 行情	8.78%	219.00	8,286.96
7	688095	福昕软件	68.12	1.72%	变动详情 股吧 行情	8.48%	98.00	8,008.56
8	688515	裕太微	104.55	2.87%	变动详情 股吧 行情	8.27%	67.00	7,805.50
9	688279	峰岹科技	104.50	6.74%	变动详情 股吧 行情	8.16%	70.00	7,700.00
10	688332	中科蓝讯	66.00	-1.32%	变动详情 股吧 行情	6.88%	91.00	6,491.03

图1-45 小盘基金

除了根据持仓市值的数据来判定大盘基金、中盘基金和小盘基金外，我们还可以直接通过基金名称来直观分辨，如图1-46所示。

图1-46 大盘、中盘和小盘基金

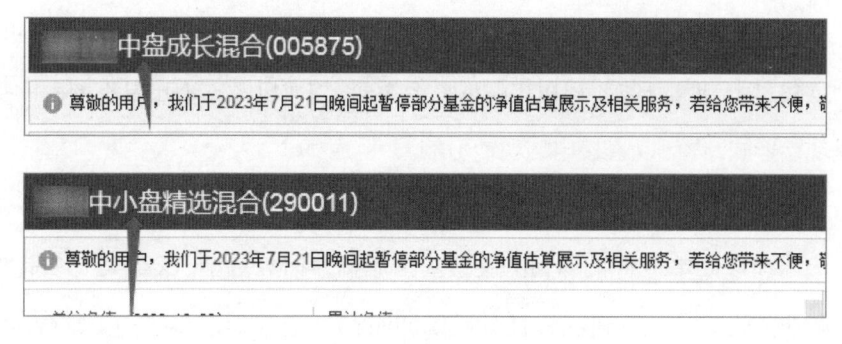

图1-46 大盘、中盘和小盘基金（续）

四是宽基金和窄基金。

宽基金是指投资组合中持仓多个行业的标的。而窄基金是指投资组合中持仓单个行业的标的（注意这里不是被动的宽指基金和窄指基金，而是混合基金）。图1-47中展示的混合基金就是一只窄基金，因为它持仓的都是医药行业。

序号	股票代码	股票名称	最新价	涨跌幅	相关资讯	占净值比例	持股数（万股）	持仓市值（万元）
1	688506	百利天恒	81.25	-4.64%	变动详情 股吧 行情	7.76%	129.33	9,358.53
2	300760	迈瑞医疗	260.00	0.30%	变动详情 股吧 行情	5.58%	22.45	6,730.51
3	600276	恒瑞医药	43.23	0.37%	变动详情 股吧 行情	5.28%	133.00	6,370.89
4	600329	达仁堂	30.38	0.96%	变动详情 股吧 行情	4.95%	132.95	5,968.18
5	600436	片仔癀	243.15	1.19%	变动详情 股吧 行情	4.64%	19.53	5,591.52
6	603309	维力医疗	13.76	2.69%	变动详情 股吧 行情	4.63%	360.94	5,583.79
7	301239	普瑞眼科	105.15	2.69%	变动详情 股吧 行情	4.19%	51.55	5,056.31
8	600085	同仁堂	49.80	0.81%	变动详情 股吧 行情	4.02%	84.10	4,840.80
9	002044	美年健康	5.99	3.28%	变动详情 股吧 行情	3.68%	624.25	4,438.42
10	600587	新华医疗	22.18	1.93%	变动详情 股吧 行情	3.43%	117.12	4,137.85

图1-47 窄基金的持仓行业

五是QDII基金。

QDII是指合格境内机构投资者。QDII基金是指在一国境内设立，经该国有关部门批准从事境外证券市场的股票、债券等有价证券业务的证券投资资金。

由于QDII基金主要投资海外市场，因此，从国内以基金的方式募集到的资金，在投资前需要换成流通广的国际货币。一些投资者会说，自己在购买QDII基金时没有兑换，那是因为基金公司帮你兑换了，并不是不需要兑换。

另外，QDII基金美元份额分为现钞和现汇，如果你账户中的美元，取出时要交手续费，则是现汇形式，可以申购现汇份额；如果可以随时取出且不要手续费，则是现钞形式，你可以直接申购现钞份额。

（2）开放式→被动型→股票基金

大家可以简单地将被动型的股票基金理解为指数基金，跟踪某一个指数去配置相应的资产，以获得收益，比如跟踪沪深300。它包括常规的指数基金、指数增强基金、ETF基金和ETF联接基金。下面分别进行介绍。

一是常规的指数基金。

它是以股市某种指数为标的，把指数的成分股作为投资对象，通过购买该指数全部或部分成分股，以跟踪标的指数表现的基金。它对基金经理的能力要求不高，只需简单地复制和跟踪操作。比如某只基金的名称含有沪深300指数，则说明该基金的跟踪指数是沪深300指数，如图1-48所示。

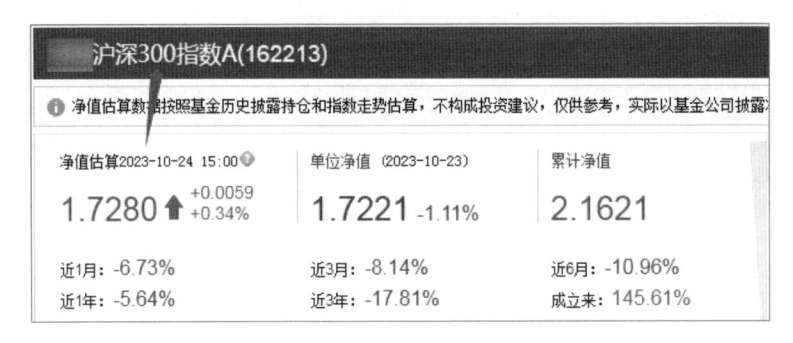

图1-48　跟踪沪深300的指数基金

二是指数增强基金。

指数增强基金通常是指以某项指数为基础，比如沪深300、中证500等，在跟踪标的指数的前提下，基金经理通过增强策略挑选超越行业平均表现的成分股票，进而获取双重收益。大家可以将其理解为"指数基金+主动管理型基金"，因此，要求基金经理的主动管理能力较强，如图1-49所示。

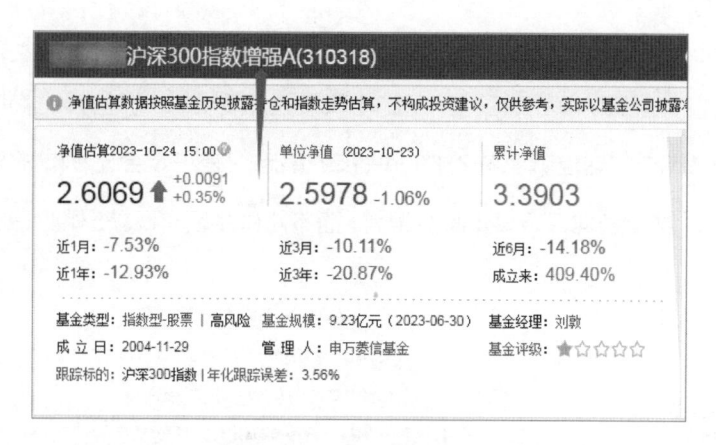

图1-49　指数增强基金

三是ETF基金。

它的全称是交易型开放式指数基金，又被称为交易所交易基金，是一种在交易所上市交易的、基金份额可变的开放式基金。它结合了封闭式基金和开放式基金的运作特点，加之可以当天买卖。同时，它还有一个特殊之处，就是投资者只能用与指数对应的股票申购或赎回ETF，而不是以现有开放式基金的现金申购赎回，如图1-50所示。因此，使它可以实现价差交易（价差交易的具体操作流程操作，我们将在最后一章中进行讲解）。

图1-50　ETF基金

四是ETF联接基金。

ETF联接基金是指将其绝大部分基金财产投资于跟踪同一标的指数的ETF

基金,即ETF联接是跟踪ETF的基金,因此,有ETF联接基金必然有ETF基金。简言之,ETF是跟踪指数的基金,而ETF联接是跟踪ETF的基金,它们的跟踪误差是逐渐放大的。这也就意味着ETF联接的跟踪误差一定会比ETF的跟踪误差要大。所以,基金经理只能尽量减少误差,而不能做到没有误差,如图1-51所示。

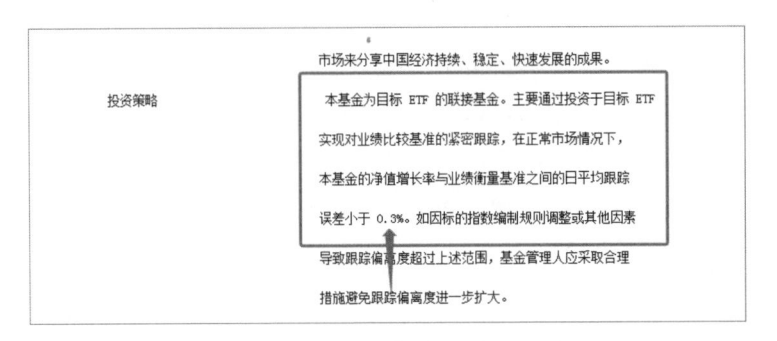

图1-51 ETF联接基金的跟踪误差目标

1.2.2 基金的"外貌"

基金像是一件商品,有自己的名称、编码、规模、价值等。大家在投资前,先要了解这件"商品"是什么、价值如何、怎么"称重"后,再入手,否则,可能会买错。

投资基金是指你投出一部分钱给银行或是基金公司,他们的操盘手(基金经理)再用你的钱去投资,盈亏的风险都由你承担,基金公司会收取管理费用。

1. 基金名称

它由两部分构成:名字和代码,具有唯一性,比如国泰中证动漫游戏ETF联接A(012728)。

2. 基金名称中的字母含义

大家在查看或是选择基金时,会发现许多基金名称中总有A、B、C、D、E、H、I等字母,其中以A、B、C为主,在不同类型的基金中字母有着不同的含义,具体如下。

(1)货币基金名称后缀A,B,C

- A表示申购门槛低,最低1元起投,销售服务费为0.25%/年。

- B申购门槛高，500万元起投，销售服务费为0.01%/年。
- C相当于B类，申购门槛高，销售服务费低。

（2）债券基金名称后缀A，B，C

- A表示前端（购入基金时）收申购费或认购费，通常约为1%。此外，还可能收取赎回费、管理费和托管费，但不包括销售服务费。
- B表示后端（持有基金时）收申购费、认购费。一般情况下，基金持有时间越长，费用越低，5年以上免申购、认购费。此外，还会收取基金管理费和托管费。
- C表示没有申购费或赎回费，而是按日收取销售服务费。

（3）混合型基金名称后缀A，C

- A表示前端（购入基金时）收取申购、认购费，无销售服务费。
- C表示无申购费，有销售服务费。

（4）股票型基金名称后缀A，C

- A表示前端购入基金时收申购费，无销售服务费。
- C表示无申购费，有销售服务费。

（5）不常见的D，E，H，I

- D表示在指定平台销售的新增基金份额。
- E表示只在特殊渠道销售（通常情况下是指互联网平台）。
- H表示在香港发售的、新增的H类份额。
- I类表示在特殊渠道销售的基金份额。

3. 净值

基金净值即基金份额资产净值，也叫每份基金份额的净值（单位净值）。计算公式为：

$$基金份额资产净值=（总资产-总负债）\div 基金份额总数$$

其中，总资产是指基金拥有的所有资产，包括股票、债券、银行存款和其他有价证券等；总负债是指基金运作及融资时所形成的负债，包括应付给他人的各项费用、应付资金利息等；基金份额总数是指当时发行在外的基金份额的总量。比如，基金的总资产为10 000元、总份额为10 000份，总负债为1 500元，那么基金份额资产净值为：（10 000−1 500）÷10 000=0.85元。

当然，我们也可以在基金网站中直接查看基金的单位净值和净值走势，如图1-52所示。

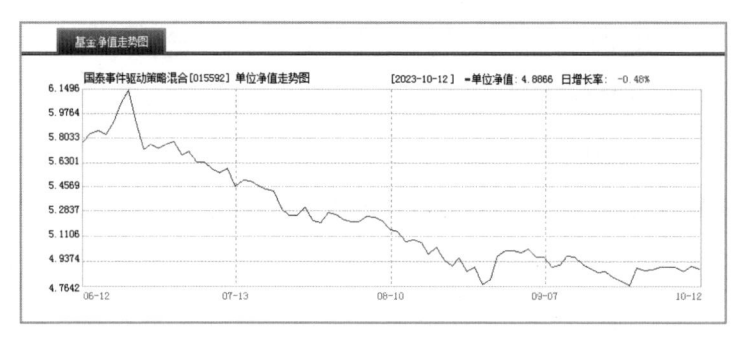

图1-52　单位净值及走势

不过，在基金详情图中，我们会看到包括单位净值在内的三个净值：单位净值、累计净值和净值估算。其中，累计净值是指单位净值加上前期的所有分红，如图1-53所示。

图1-53　累计净值

如果基金前期没有进行任何分红或是拆分，则累计净值等于单位净值，如

图1-54所示。

图1-54 单位净值等于累计净值

净值估算是指第三方平台按照基金发布的最新持仓情况估算出的一个实时更新的值，不代表当日最终的基金净值，只是一种参考，以弥补基金净值不会随行情实时变动展示的不足，如图1-55所示。

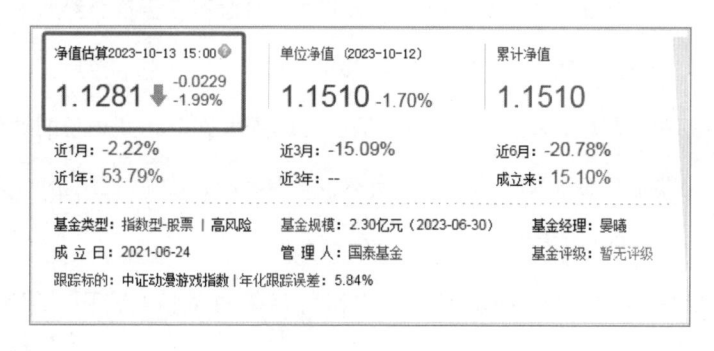

图1-55 净值估算

4. 基金规模

基金规模可简单理解为基金的体量，它分为资产规模和份额规模。其中，资产规模是基金管理的资金总量，即该基金里面一共有多少钱，计算公式为份额规模乘以最新基金净值。比如，某只基金发行了10 000份，最新的单位净值为1.5，则资产规模为15 000元（10 000×1.5）。份额规模是指一只基金发行在外的总份额数量，也就是一共发行了多少份基金。

图1-56为某基金的资产规模和份额规模数据。

基金全称	泰信行业精选灵活配置混合型证券投资基金	基金简称	泰信行业精选混合A
基金代码	290012（前端）	基金类型	混合型-灵活
发行日期	2012年01月09日	成立日期/规模	2012年02月22日 / 2.220亿份
资产规模	3.88亿元（截止至：2023年06月30日）	份额规模	1.8572亿份（截止至：2023年06月30日）
基金管理人	泰信基金	基金托管人	中信银行
基金经理人	董山青	成立来分红	每份累计0.58元（15次）
管理费率	1.20%（每年）	托管费率	0.20%（每年）
销售服务费率	0.00%（每年）	最高认购费率	1.00%（前端）
最高申购费率	1.50%（前端） 天天基金优惠费率：0.15%（前端）	最高赎回费率	1.50%（前端）
业绩比较基准	沪深300指数收益率×55%+上证国债指数收益率	风险标的	该基金不限股票仓...

图1-56 资产规模和份额规模数据

很多人在提醒投资者一定不要买规模太小的基金，其实，除了基金规模小于5 000万的基金容易被清盘以外，其他规模的基金不一定越大越好，也不一定越小越好（不能小于5 000万），我们一定要根据实际情况进行判定：当我们购买的是货币基金或指数基金时，基金规模越大越好，因为不需要基金经理有过多的操作，不会有"船大难掉头"的情况，毕竟都是被动收益。不过，当我们购买的是混合型基金或是股票型基金时，由于需要基金经理人根据市场变动及时调整仓位和策略，所以，要求基金规模不要太大，当然也不要太小，最好在2亿至50亿。

（1）基金持有人结构

基金持有人结构包含三类，分别是机构持有者、个人持有者和内部持有者，如图1-57所示。其中，机构持有者是指企业法人、事业法人、社会团体或其他组织中持有该基金份额的组织。个人持有者是指可投资于证券投资基金的自然人中持有该基金份额的人员，即散户。内部持有者是指基金管理公司内部的从业人员中持有该基金的人员。

当基金规模小于5 000万时，有被清盘的风险，因此，在购买基金前，我们也要考虑到该只基金是否会在未来突然被投资人大额赎回，导致基金规模锐减到5 000万以下被清盘。因此，我们要查看基金的持有人结构，如果机构持有者的比例过大，比如在90%以上，就要果断放弃，因为该只基金已经成为机构的定制基金，一旦机构突然进行大额赎回，则可能引发基金的支付延迟和流动性风险，甚至是被清盘，我们的投资就可能会出现亏损。如果是个人持有者或是内部持有者的比例过高，则无须担心，如图1-58所示。

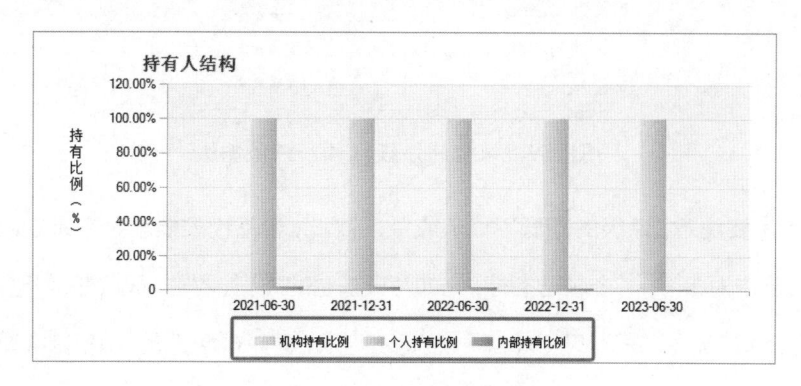

图1-57　基金的持有人结构

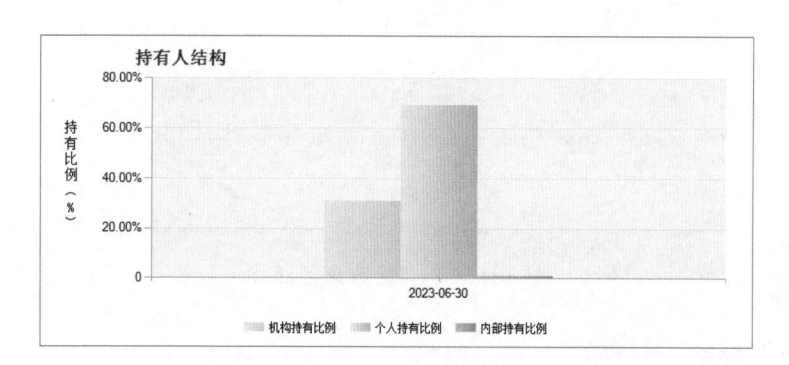

图1-58　个人和内部持有者占绝大多数

（2）基金评级

基金评级大家可以简单将其理解为评级机构对基金过去的综合表现的评价（注意是过去），认为这只基金是好、不好还是表现一般。通常情况下分为五个等级，即1星至5星，星级越高表示评价越好。

具有评级的机构有七家，分别是晨星资讯、天相投顾、济安金信、银河证券、招商证券、上海证券、海通证券，其中前三家是基金研究机构，后四家是券商机构研究部门。图1-59为某基金的评级机构和评级等级。

它们排序方法包括基金收益、风险大小、风险调整后的收益等。其中对基金风险和基金收益的预期主要是基于基金的历史数据。

图1-59 基金的评级机构和评级等级

大家要注意,评级的高低不代表收益的高低,也不代表该基金未来的收益高低,只是作为参考,一个辅助指标,比如两只基金的类型、收益、风险都差不多的时候,我们可以优先选择评级相对高一点的那只基金。图1-60展示的是4星基金评级。

图1-60 4星基金评级

（3）基金风险等级

基金风险等级与银行理财的风险等级基本相同,也分为低风险（R1）、中低风险（R2）、中风险（R3）、较高风险（R4）和高风险（R5）。由于已在1.1.3中讲解过,这里不再赘述。图1-61展示的是一只中高风险的基金。

图1-61 中高风险的基金

除了基金风险等级外，作为投资者的我们也可以在同类基金中进行风险等级的对比，方法很简单，即单击"基金概况"，进入"基金概况"页面后单击"特色数据"，如图1-62所示。

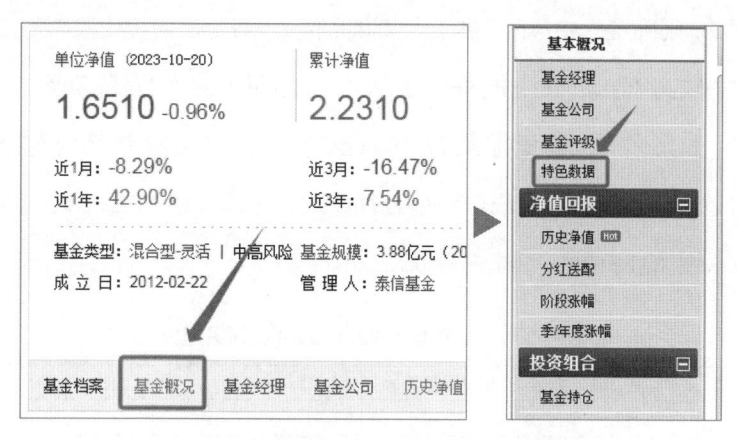

图1-62　在基金概况页面单击"特色数据"

在如图1-63（右）所示的页面中即可查看到该基金在同类基金中的风险等级。

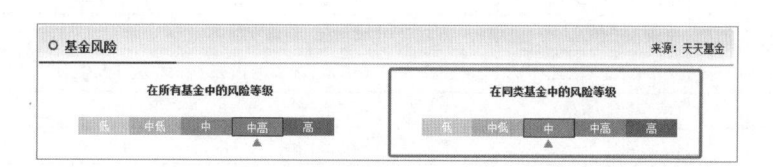

图1-63　在同类基金中的等级对比

延伸：风险等级划分的标准和方法。

有人会问，基金等级风险划分的标准或方法是什么，自己虽然知道风险等级，但是心里没有底。其实，在国内有很多风险等级划分的标准和方法，并没有严格的统一标准，比如，银河证券使用的是"锚点"评定方法、上海证券使用的是"风险价值"（VaR）评定方法、兴业证券使用的是综合分数评定方法及较为保守的万得数据（Wind）。

其中，银河证券的评定方法受到大多数人的认可和接受，具体方法是将普通股票型基金定为中风险（锚点），向上拓展到杠杆型高风险产品，向下拓展到固定收益、货币市场基金等低风险产品。以此确定债券基金为中低风险，货币市场基金为低风险。混合基金则拆散，混合偏股的基金跟随股票基金定级，混合偏债的基金跟随债券基金定级。股票基金内部再进行二级细分，主要是根据持股比例的高低，分为95%最低持仓要求、80%最低持仓要求及60%最低持仓要求等。债券基金也进行二级细分，债券基金接近货币市场基金的确定为低风险，债券基金中可转债基金接近股票的，则确定为中风险。由于大宗商品基金、黄金基金等比股票基金复杂，因此确定为较高风险。凡是加杠杆的基金，在分类层面均确定为高风险。

当然，如果你对风险更加谨慎，可以参考万得数据给出的风险等级评定结果，它将股票型基金和偏股混合型基金都评定为中高风险（R4），偏债混合和二级债基划入中风险（R3），具体内容见表1-1。

表1-1　万得数据（Wind）的风险等级划分

一级分类	Wind二级分类	风险等级	备注
股票型基金	普通股票型基金	R4	股票类资产占比大于80%
	被动指数型基金	R4	被动复制指定指数
	增强指数型基金	R4	追踪目标指数，并发挥主动性进行优化和增强
	偏股混合型基金	R4	偏向股票，仓位通常在80%以内
混合型基金	偏债混合型基金	R3	偏向债券，股票仓位通常不超过40%
	平衡混合型基金	R3	投资配置较均衡
	灵活配置型基金	R3	灵活配置和配置股票、债券等大类资产
债券型基金	中长期纯债基金	R2	长期配置
	短期纯债基金	R2	短期配置
	一级债券基金	R3	重点为债券，有时候也投资可转换债券和打新
	二级债券基金	R3	投资股票和权证
	可转换债券型基金	R3	投资可转债和股票
	被动指数债券基金	R2	被动复制追踪标的债券型指数
	增强指数债券基金	R2	追踪某一债券指数为投资目标并进行优化和增强
货币市场基金	货币市场基金	R1	只投资于货币市场

（4）基金分红

业绩分红与银行理财产品的分红基本上是同一回事儿。由于已在1.1.7中讲解过，这里不再赘述。

（5）基金拆分

它又被叫作拆分基金，是指保持基金投资人资产总值不变的情况下，改变基金净值和基金份额的对应关系，重新计算基金资产。简言之，把一只净值较高的基金拆解为若干份净值较低的基金。比如，A持有某只基金共10 000元，此时净值为2，持有份额为5 000，按照1∶2的比例进行拆分后，净值下降为1，则A的持有份额变为10 000，而总金额不变，依然是10 000元。

基金拆分对持有人没有任何影响，只是便于该只基金的营销或是销售，毕竟很多投资者对基金净值"恐高"。

1.2.3 β 收益、α 收益和 R 平方

1. β 收益

β 收益（Beta收益），也可以叫作被动收益，其概念无须复杂化，以免混淆。简言之，它可被视为大盘收益或是理财产品的业绩比较基准收益率（1.1.4讲解过）。这意味着基金经理不需要进行特别高难度的选股和择时，只需要复制指数进行跟踪，基本上算是"躺着挣钱"。因此，很多投资者自己就能操作。在评估基金表现时，会涉及 β 指标或是系数来衡量基金收益相对于业绩比较基准的波动性。通常情况下，β 值越大，基金相对大盘的波动幅度越大。反之，波动幅度越小。有人将 $\beta=1$ 为分割线，若某只基金的 $\beta=1$，表示基金收益和大盘同涨同跌；若 $\beta>1$，表示基金实际业绩的波动比业绩基准的波动大；若 $\beta<1$，表示基金实际业绩的波动比业绩基准的波动小。比如，当 $\beta=1.5$ 时，业绩基准上涨10%，基金收益率则会上涨15%，而如果业绩基准下跌10%，则基金收益率将会下跌15%。

当然，也有人将 $\beta=0$ 为分割线，然后将大于0的 β 再细分为大于、等于和小于1的情况，见表1-2。

表1-2　β 系数与市场方向的关系

贝塔系数	基金净值变动方向		基金净值增长率变动幅度
$\beta>0$	与市场变动方向相同	$\beta>1$	大于市场变动幅度
		$\beta=1$	等于市场变动幅度
		$\beta<1$	小于市场变动幅度
$\beta<0$	与市场变动方向相反	—	—

2. α收益

α收益（Alpha收益），也叫超额收益，还被叫作主动收益，完全依赖于投资者或基金经理人的投资技巧和能力。包括选股、择时、趋势和基本面分析等。由于α收益是用实际收益减去β收益所得，因此，α收益与β收益相关。具体公式如下：

$$α收益 = 基金的实际收益 - 无风险投资收益 - β收益$$

其中，无风险投资收益泛指银行一年定期存款收益，比如，基金的实际收益为8%，2023年的一年期定期存款的利率为1.9%，β收益为2.5%，则α收益为3.6%（8%-1.9%-2.5%）。

在实际投资中，如果α大于0，说明这只基金值得投资，反之，说明投资这只基金不如把钱放在银行定存。当然，其中有一个例外，就是遇到股市暴跌，虽然α收益是小于0，收益也是负数，但并不代表这只基金不值得投资，反而值得持有并等待股市行情好转。

3. R平方

R平方反映的是业绩基准的变动对基金表现的影响，也就是反映α系数和β系数的可靠性，程度在0～100，通常情况下，R平方的值越高，β系数越可靠。比如R=100，表示基金回报的变动完全受业绩基准的变动影响，反之，则表示基金回报的变动完全不受业绩基准的变动影响。

看到这里，很多朋友会有三个疑问：一是我们在哪里查看α、β和R平方的系数，根据我的经验直接为大家推荐晨星网，方法是打开晨星网，在搜索框中输入基金名称或代码，然后按回车键搜索，在打开的基金详细页面中的就能查看到α、β和R平方的系数，如图1-64所示。

二是我们在哪里查看β和α收益？这需要我们手动打开基金的年报、半年报或季度报等，如图1-65所示。

三是怎么选择α收益的基金？方式一为绝大部分主动型基金（银行理财产品也有超额收益，在理财产品的成本费用中已讲解）都有超额收益，能否获得超额收益主要是看你自己或基金经理的投资能力。方式二为直接选择基金中含有阿尔法的基金。方法很简单，即在基金网站中输入阿尔法，系统会自动弹出含有阿尔法的基金选项，如图1-66所示。

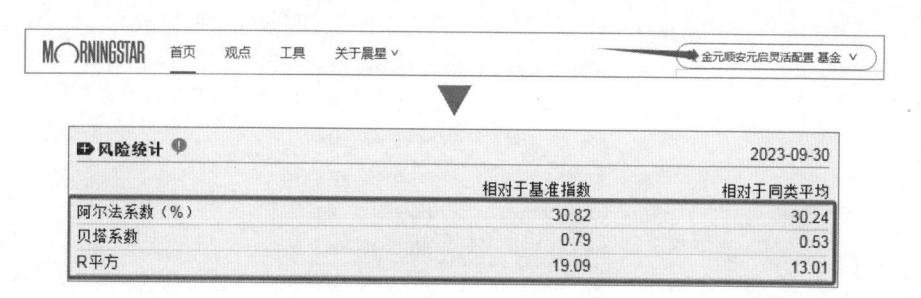

图1-64　查看α、β和R平方系数

阶段	净值增长率①	净值增长率标准差②	业绩比较基准收益率③	业绩比较基准收益率标准差④	①-③	②-④
过去三个月	-0.81%	1.14%	-1.28%	0.89%	0.47%	0.25%
过去六个月	-8.50%	1.16%	-7.96%	0.86%	-0.54%	0.30%
过去一年	-5.49%	1.33%	-0.24%	1.06%	-5.25%	0.27%
过去三年	-28.56%	1.87%	-26.45%	1.28%	-2.11%	0.59%
过去五年	61.73%	1.79%	2.94%	1.30%	58.79%	0.49%
自基金合同生效起至今	216.50%	1.81%	44.76%	1.30%	171.74%	0.51%

图1-65　β和α收益数据

延伸：有α收益等于基金业绩高吗？

虽然我们都希望有超额收益或是有更高的超额收益，以获得更高的基金业绩回报，证明自己或是基金经理的投资能力。不过，有一种特殊情况，即α收益较高，但由于β收益偏低，导致最终的基金业绩回报并不高，甚至很平庸。这也就意味着β较弱的赛道（可简单理解为行情涨幅疲软的赛道）的主动型基金容易出现α收益，因此，我们在考察基金经理能力时，不仅要考察有没有α收益，还需要看基金业绩的最终表现。

图1-66　阿尔法基金

1.2.4　夏普比率、波动率、最大回撤

在选择或是对比基金的时候，不能只看收益有多高或是多有吸引力，还要考虑风险和波动情况，毕竟每个人的风险承担能力和抗压能力是不同的，作为投资者的我们一定要多对比，选出符合自己的基金产品。

1. 夏普比率

它反映的是单位风险基金净值增长率超过无风险收益率的程度，简言之，也被叫作报酬与波动性比率，计算公式为：

夏普比率＝（预期收益率－无风险利率）÷投资组合标准差。

如果夏普比率为正值，则说明投资期限内基金的平均净值增长率超过了无风险利率，也就是购买该基金的收益高于银行定存的收益。当然，正值越大越好。反之，购买该基金不如定存银行，因为基金的收益低于银行定存的收益。

比如，你的预期收益率为10%，无风险利率（银行定存一年的年利率）为2%，投资组合标准差为3%，则夏普比率为（10%－2%）÷3%≈2.67，则说明投资基金是划算的、赚钱的，且高于银行定存，同时，也能说明你每承担一份风险，就获得了

2.67份的投资回报。

需要补充一点：夏普比率是运用在基金投资组合中而且是与同类基金进行横向比较，比如，债券型基金和债券型基金的夏普比率进行比较，而不是债券型基金和股票型基金的夏普比率进行比较。

图1-67展示的是某基金的夏普比率数据，基本上都是负数。

基金风险指标	近1年	近2年	近3年
标准差	18.00%	20.72%	19.90%
夏普比率	-1.36	-0.75	-0.22

图1-67　夏普比率

2. 波动率

波动率也叫标准差，是指基金投资回报率的波动幅度，也就是收益率的波动范围。所以，基金波动率越大，收益越不稳定，风险也越高。相反，波动率越小，收益越稳定，风险也越低，甚至相对稳定。不过，它还是需要与同类型进行对比，也就是股票基金与股票型基金的波动率进行对比，而不是用货币型基金与股票型基金进行对比，否则没有意义。

图1-68展示的是两只混合型偏股配置基金的波动率对比。

基金风险指标	近1年	近2年	近3年
标准差	12.61%	16.03%	18.13%
夏普比率	0.23	0.60	1.23

基金风险指标	近1年	近2年	近3年
标准差	14.75%	20.05%	21.70%
夏普比率	0.57	0.20	0.68

图1-68　波动率对比

3. 最大回撤

最大回撤是指在过去某一时间点后的一段行情，基金净值走到最低点时的收益率回撤幅度的最大值。简言之，就是在某一段时间内，基金净值从最高到最低的下降幅度，也就意味着最大亏损。因此，最大回撤表示投资者最高可能会亏损的幅度。计算公式为：

最大回撤=（相对最高点净值−相对最低点净值）÷最高点净值。

比如，某只基金在2023年1月的基金净值为1，到2023年4月上涨到2，2023年8月净值下降到1.2，则最大回撤为（2−1.2）÷2=40%。也就意味着，你投入10 000元购买该基金，最多可能亏损4 000元。

因此，最大回撤越小越好，如果超过50%～60%，则说明基金经理或是你自己对资产配置和风险控制的能力较弱，也能侧面反映基金经理和你自己对经济形势和市场走势的判断可能出现较大偏差，而且管理较为激进。比如，2015年7月至2022年6月，偏股混合型基金投资回报前100位的基金有99只基金的最大回撤小于50%（基金经理的行业配置和风控能力较强），只有一只基金的最大回撤为50.04%；而投资回报后100位的基金中有12只基金的最大回撤超过60%（基金经理的行业配置和风控能力较弱）。

另外，除了手动计算最大回撤数值外，我们还可以在支付宝App中直接查看。方法为：点击"理财"→"基金"，在输入框中输入要查看最大回撤的基金名称或是代码，进入基金详情页，在"业绩表现"板块中查看最大回撤数据，如图1-69所示。

有人会问：为什么我们不在基金网页中查看最大回撤的数据？答案很简单，就是基金网页中没有最大回撤数据，需要我们根据历史净值数据进行手动计算，比较麻烦。

图1-69 在支付宝中查看基金的最大回撤

需要给大家补充的一点是：最大回撤可以在任何历史时间段内进行测算，因此，成立时间越长和穿越牛熊周期次数越多的基金，其最大回撤幅度也会越大。比如，2008年至

2018年，某只基金经历了四轮熊市（2008年、2010年至2011年、2015年、2018年），因此，它的最大回撤肯定不会是一个较小的值，而对于新成立不久的基金，成立的时间不仅不长，而且牛熊周期穿越的次数很少，甚至没有，其最大回撤值肯定会比较小。因此，我们在对比分析最大回撤时，需要结合基金的成立时间。最好同时与沪深300的最大回撤值进行比较（这一点在历史业绩中有直接地体现：阶段涨幅、季度涨幅和年度涨幅直接与沪深300做对比）。

1.2.5　基金的成本

基金的成本主要是指我们认购→买入→持有→赎回的完整过程中所需要的费用。它与银行理财产品的成本费用相差不多，大家在基金的基本信息中就能查看到相应的费用明细和收取比例，如图1-70所示。

基金全称	华泰柏瑞富利灵活配置混合型证券投资基金	基金简称	华泰柏瑞富利混合A
基金代码	004475（前端）	基金类型	混合型-灵活
发行日期	2017年08月10日	成立日期/规模	2017年09月12日 / 13.874亿份
资产规模	50.36亿元（截止至：2023年09月30日）	份额规模	25.1176亿份（截止至：2023年09月30日）
基金管理人	华泰柏瑞基金	基金托管人	建设银行
基金经理人	董辰	成立来分红	每份累计0.00元（0次）
管理费率	1.20%（每年）	托管费率	0.20%（每年）
销售服务费率	0.00%（每年）	最高认购费率	1.20%（前端） 天天基金优惠费率：0.12%（前端）
最高申购费率	1.50%（前端） 天天基金优惠费率：0.15%（前端）	最高赎回费率	1.50%（前端）
业绩比较基准	沪深300指数收益率*50%+中债综合指数收益率*50%	跟踪标的	该基金无跟踪标的

图1-70　成本费用

1.2.6　历史业绩

分析一只基金最重要的因素之一就是分析其历史业绩，虽然不能代表未来的收益，但至少能说明这只基金的过去管理水平不错，基金经理或是背后管理团队的能力还不错。它包括绝对收益和相对收益，如图1-71所示。

阶段涨幅	季度涨幅	年度涨幅			下载天天基金手机版，随时查看阶段涨幅		截止至 2023-10-26	更多>
	近1周	近1月	近3月	近6月	今年来	近1年	近2年	近3年
阶段涨幅	-1.41%	-4.30%	-3.62%	-12.13%	-12.26%	-14.29%	-41.62%	-32.89%
同类平均	-0.92%	-4.42%	-10.75%	-13.54%	-14.02%	-14.89%	-31.83%	-17.11%
沪深300	-0.55%	-4.84%	-10.06%	-11.24%	-9.23%	-3.90%	-29.19%	-25.09%
同类排名	2717|3915	1823|3925	133|3835	1520|3709	1338|3475	1576|3347	1844|2340	1063|1313
四分位排名	一般	良好	优秀	良好	良好	良好	不佳	不佳

图1-71 各阶段的涨幅（收益）与对比

前者是指阶段涨幅（收益）、季度涨幅（收益）和年度涨幅（收益）。其中，阶段涨幅（收益）与单位净值一样，类似于流水账，基本上不具有太大的参考价值；季度涨幅（收益）的时间周期也比较短，相当于短期业绩；最重要的参考是年度涨幅（收益），毕竟只有经历过长时间的考验，优秀业绩的含金量才会更高一些，这也要求大家在挑选基金时最好选择成立时间较长的"老"基金，而不是刚成立不久的"年轻"基金。另外，从年度涨幅（收益）的数据中，你能直观看出其业绩的稳定性，如图1-72所示。

年度涨幅								来源：基金定期报告
	2022年度	2021年度	2020年度	2019年度	2018年度	2017年度	2016年度	2015年度
阶段涨幅	-26.17%	-5.69%	81.98%	58.53%	-3.94%	-0.89%	-24.91%	72.20%
同类平均	-20.81%	7.45%	57.20%	43.68%	-20.45%	12.43%	-12.88%	47.91%
沪深300	-21.63%	-5.20%	27.21%	36.07%	-25.31%	21.78%	-11.28%	5.58%
同类排名	1939|3548	1345|2895	146|1690	150|1014	28|794	605|874	410|649	58|490

图1-72 年度涨幅（收益）的数据

后者是将基金的收益率或是涨幅与同类基金、沪深300指数进行对比，因为没有绝对的好坏，只有比较下的差距，如图1-73所示。

在比较的过程中，一是用基金的收益率与同类平均和沪深300的收益率进行计算对比，二是在"四分位排名"中直接查看其业绩比较的表现，即优秀、良好、一般或是不佳。

阶段涨幅	季度涨幅	年度涨幅		下载天天基金手机版，随时查看阶段涨幅			截止至 2023-09-28		更多>
		2022年度	2021年度	2020年度	2019年度	2018年度	2017年度	2016年度	2015年度
阶段涨幅		-1.26%	33.49%	20.59%	4.37%	-19.79%	-0.75%	4.62%	--
同类平均		-2.80%	6.53%	7.24%	8.61%	1.92%	2.36%	0.54%	12.60%
沪深300		-21.63%	-5.20%	27.21%	36.07%	-25.31%	21.78%	-11.28%	5.58%
同类排名		338|1184	8|884	26|710	469|633	542|597	466|610	20|555	--|405
四分位排名		良好	优秀	优秀	一般	不佳	不佳	优秀	--

图1-73　与同类平均和沪深300进行比较

补充：累计收益率，又被叫作总收益率，从投资回报角度出发，越高越好，计算公式为：总收益率=收益÷本金×100%。比如，你投资100元，两年的收益为150元，则累计收益率=（150-100）÷100=50%。

如果要分析对比基金的累计收益率是否能跑赢同类基金或是沪深300，我们可以直接看"累计收益率"走势图，如图1-74所示。

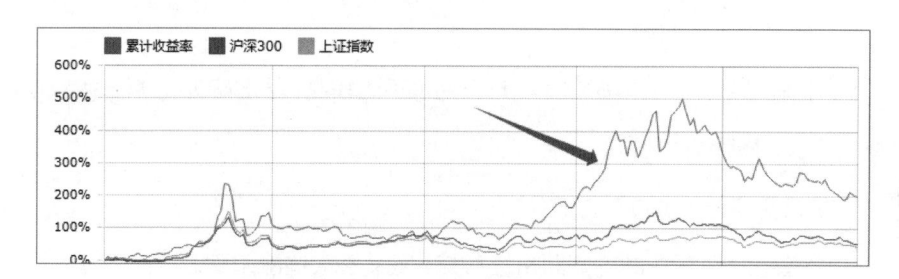

图1-74　基金的累计收益率走势图

1.2.7　换手率

基金的换手率，也被叫作周转率，如图1-75所示。大家可以简单理解为基金经理更换"基金篮子"里的"资产"的频率。比如，基金经理半年内把某一只A股票换成B股票、基金A换成基金B。换手率高低并没有好坏，特别是主动型基金，通常情况下是3至6倍的换手率。指数基金会低很多，毕竟是被动跟踪特定的指数。

一旦换手率与业绩挂钩就能分析出基金经理的投资风格和策略，甚至是擅长方面，大致可分为如下四种：

报告期	基金换手率
2023-06-30	215.80%
2022-12-31	117.13%
2022-06-30	122.08%
2021-12-31	122.44%

图1-75　基金的换手率

一是换手率低+业绩低。

说明基金经理对自己的选股和配置有较高的信心，选择继续观望以期反转。当然，也有可能是基金经理不清楚当前市场的行情走势（侧重个股研究并长期持有，即价值型）。

二是换手率低+业绩高。

说明基金经理对于市场和股票的研究水平比较高，能准确地挖掘出适应市场风格的个股（择股能力强）。

三是换手率高+业绩低。

说明基金经理无法准确判断市场行情，但又喜欢追涨杀跌。

四是换手率高+业绩高。

说明基金经理应对市场变化的能力较强，在不同行情下均能够有效地调整持仓，即择时和交易能力都强（择时能力强）。不过，对于这类的基金经理或是管理人，我们要注意两点：第一，换手率一定要与历史业绩结合考察分析，即高换手率和高业绩不能是短期成绩，最好是长期业绩，否则，是运气的成分或是追涨杀跌的偶然获利，无法获得稳定业绩。第二，基金经理的管理能力和管理经验是否丰富。比如，某只基金的经理刚任职一年左右，则无法被认为是经验丰富，至少要有三年的从业经历。

补充：基金规模的较大变动影响换手率，比如，当基金面临较大赎回时，现有金额不足以应付该赎回金额时，基金经理会被迫卖出一些流动性比较好的资产以筹集资金，使得换手率变大，如图1-76所示。

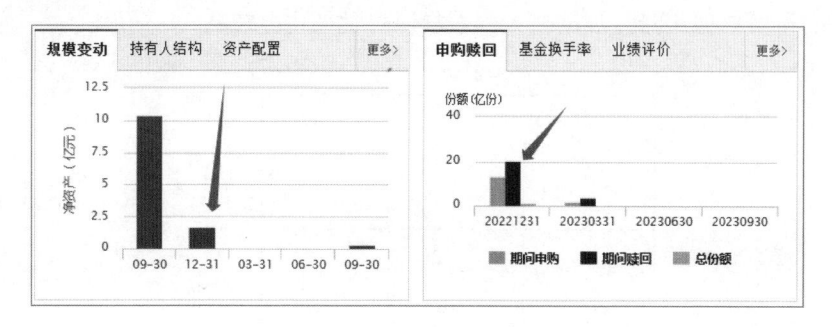

图1-76　基金面临巨额赎回

当基金的申购特别多时，使现有的基金规模增加几十倍、几百倍时，基金经理不得不对投资资产标的进行更换，导致换手率增加，如图1-77所示。

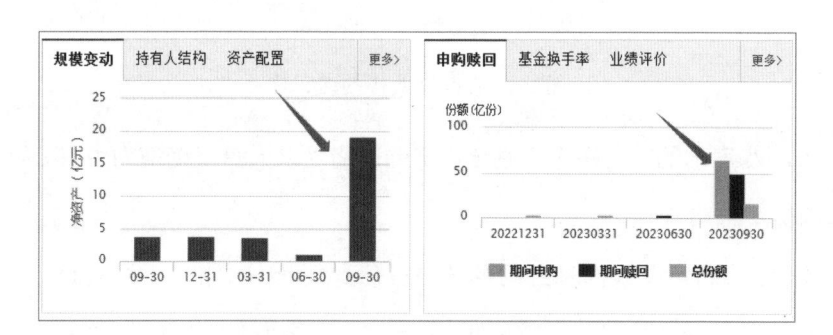

图1-77　基金规模增大

1.2.8　投资风格

我们要判断一只基金的投资风格或是基金经理的投资风格，最常用和最实用的方法是九空格，该九宫格由大盘、中盘、小盘和价值型、均衡型和成长型构成，如图1-78所示。

大盘、中盘和小盘表示市值规模，在1.2.2中已讲解，这里不再赘述。而价值型、均衡型和成长型表示成长性。其中，价值型表示以稳为主，主要选择估值偏低、商业模式稳定成熟、现金流动波动较小的行业和公司；均衡型表示在稳健的基础上追求稳定增值，比较中庸；成长型表示以快、高、大为主，主要选择处于上升期的新兴产业，因此，波动较大、收益较高，估值也会较高。

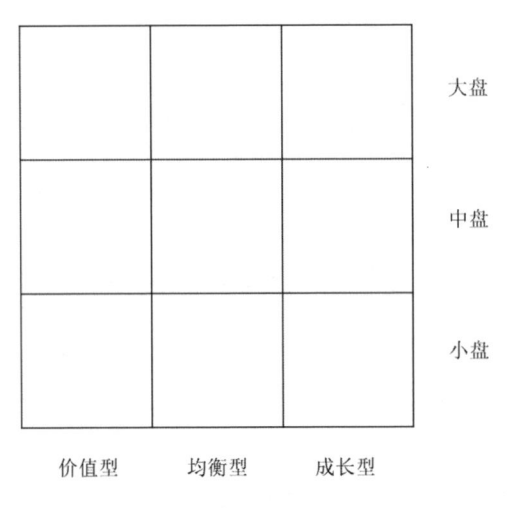

图1-78　基金风格的九宫格

图1-79展示的九宫格表示基金投资的风格为以大盘平衡型为主，以大盘价值型为辅。

同时，我们可以根据基金的名称进行初步判断，比如，广发小盘成长混合（LOF）A的投资风格是小盘成长型。又比如中银中小盘成长混合的投资风格是中小盘成长型。

不过，由于随着市场行情的变动和基金经理的调换，在具体操盘的过程中，投资风格可能会发生变化，比如广发小盘成长混合（LOF）C的投资风格应该是小盘成长型，但是基金的实际投资风格是以大盘价值和平衡型，并以大盘成长和中盘价值型为辅。如图1-80所示，这就是基金名称的投资风格与实际投资风格不对应（风格漂移）。

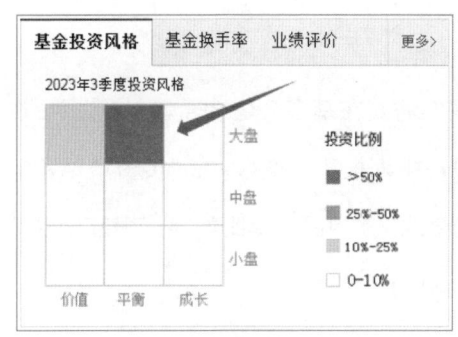

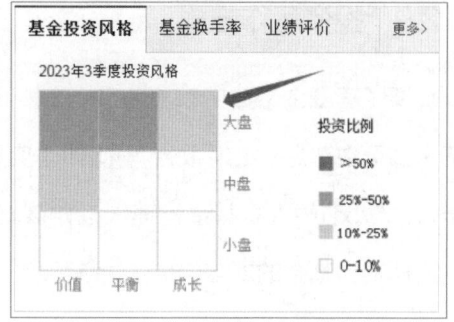

图1-79　基金投资风格（1）　　图1-80　基金投资风格（2）

因此，我们还要在基金的详情页面中查看投资风格，如图1-81所示（我们也可以看出该基金的投资风格是否稳定）。

图1-81　基金更多的投资风格

延伸：基金投资风格漂移

它是指基金的实际投资风格与基金公开宣称的投资风格不一致（投资风格不稳定），主要分为两类：基本面投资风格漂移和主题类投资风格漂移。前者是指基本面风格的变化，也就是投资方向发生变化，比如投资风格由小盘价值型变为大盘平衡型。后者是指投资风格偏离了原来的主题风格。比如，新能源主题基金大规模持有医疗类的股票。其原因主要有三个：一是基金经理发生了变化；二是基金规模发生了变化；三是投资者短期看中高业绩，基金经理不得不改变投资风格。

1.2.9 投资运作方式

要了解基金具体的投资运作方式，我们需要在基金公告中查看，方法为：在基金网页中选择“定期报告”，比如季度报、中期报和年度报，在“投资策略和运作方式”小节中查看基金管理人运作该基金的策略和思路，比如在天天基金网站中选择某款基金的2023年第三季度报告，如图1-82所示。

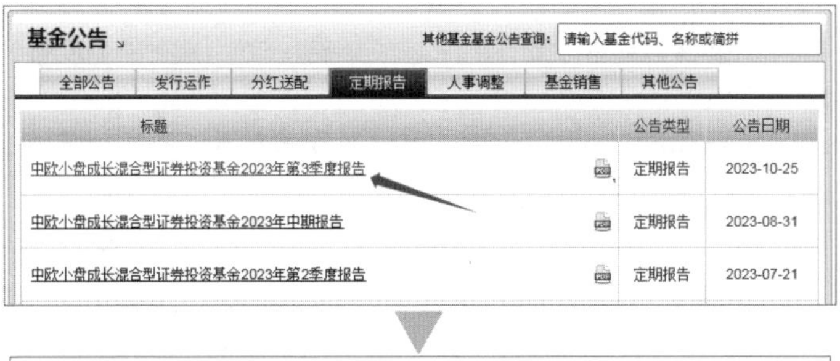

4.4 报告期内基金的投资策略和运作分析

回顾三季度，随着一系列宏观调控政策不断落地，实体部门逐渐回暖，制造业 PMI 连续 3 个月改善，并在 9 月到达扩张区间，国内企业生产经营活动回升向好。非制造业 PMI 连续处于荣枯线上方，反映了消费和服务业的景气复苏延续。传统顺周期方面，购买首套房贷款“认房不用认贷”政策推出后，二手房成交量略微转暖，但还未传导到房地产销售和新开工数据上，因此上游资源品需求不足，PPI 相对较弱，有利于中游制造业复苏和战略新兴产业的表现。展望未来一个季度，我们对经济进一步企稳向好保有信心。本基金是以国证 2000 指数为主要标准配置基金资产，投资于本基金界定的小盘成长股票的比例不低于非现金基金资产的 80%，整体组合的平均市值比基准更偏小，且以业绩成长为主要的选股逻辑。我们对于小盘成长风格在中长期的表现保持乐观。

图1-82　查看基金的投资策略和运作方式

在查看投资策略和运作方式时，我们可以直观地看出基金管理人对市场行情的分析和看法，以及他们用了什么方式去运作，如果你觉得基金管理人的想法和策略与自己的相差很大，甚至是完全相反抑或是错误，则可以放弃该基金，毕竟道不同不相为谋。

同时，我们可以从中解读出基金管理人的投资风格是否发生了偏移。比如，某只基金宣传的是小盘价值型的投资风格，如果在投资策略和运作方式中的描述能对应，如图1-83所示，则投资风格没有发生偏移。

> 三季度里，我们遵循基本面量化的选股思路，重点在机械设备、计算机、基础化工、汽车及零部件行业进行深入研究。我们希望从基本面选股逻辑出发，在被主流投资市场疏漏的小盘领域选择质地优秀的公司，借助量化模型的高效率来实现超越基准的投资回报。

图1-83　基金的运作方式（小盘成长）

如果在投资策略和运作方式中的描述不能对应，图1-84为价值型投资策略，则投资风格发生了偏移。

> 三季度组合管理上，我们坚持行业均衡，精选个股的策略，从估值性价比出发，考察从产业长期发展趋势，结合公司可预期市值空间匹配当前估值，优化组合结构。从配置角度，三季度我们减持了部分计算机和半导体，军工公司，增持了有治理改善、高分红的红利资产，同时适度布局了估值趋于合理的消费和医药、制造业公司，我们将秉承勤勉尽职的态度，努力为持有人创造稳健、可持续的回报。

图1-84　基金的运作方式（价值）

这里需要补充两个概念来帮助大家更好地理解基金的运作方式或是投资策略，即自上而下和自下而上。前者一般会花大力气在分析经济或市场的大趋势上，以选择好的行业或市场板块进行投资，再从选定的行业或市场板块内寻找最佳的投资工具或是标的（从大局或是宏观逐渐过渡到行业和个股，重点在宏观和大势）。后者会花大力气研究个别公司的表现和管理，并适当结合行业和整体的经济走势（重点是在公司上）。

1.2.10　基金经理

基金经理是基金的"灵魂"，直接决定了基金的收益情况，因此，我们在挑选基金时，需要对基金经理的个人能力和从业时间，以及基金经理的变动情况进行查看和分析。

1. 基金经理的个人和团队能力

我们对基金经理个人并不了解，要分析他和团队的能力，除了分析基金的历史业绩、换手率、投资风格和运作方式外，最直接的方式就是查看基金经理和团队的简介,其中,我们可以得到基金经理的从业时间、从业经历和管理规模等,有一个初步感受,如果你觉得这位基金经理或是其团队"不行",则放弃该基金,换成其他基金,毕竟钱袋子要放在"心安"处。图1-85展示的是某基金的基金经理简介。

图1-85 基金经理简介

图1-86展示的是某基金的基金管理团队的简介。

姓名	职务	日期	日期	限	简介
黄华	固收投决会委员/投资总监/基金经理	2017-04-05	—	13年	历任平安资产管理有限责任公司组合经理,中国平安集团投资管理中心资产负债部组合经理,中国平安财产保险股份有限公司组合投资管理团队负责人。2016/11/10加入中欧基金管理有限公司,历任基金经理助理。
胡闻洋	基金经理助理	2021-07-30	—	6年	历任中诚宝捷思货币经纪有限公司经纪人、上海光大证券资产管理有限公司交易员。2020/11/13加入中欧基金管理有限公司,历任基金经理助理。
蒋雯文	基金经理	2018-01-30	—	10年	历任新际香港有限公司销售交易员,平安资产管理有限责任公司债券交易员、前海开源基金投资经理助理。2016/11/17加入中欧基金管理有限公司,历任交易员、基金经理助理。

图1-86 基金经理及其团队的简介

2. 基金经理的变动

无论基金有多么优秀的历史业绩或是多么优秀的投资运作模式,如果基金经理不是同一个人，都是白搭。因此，我们需要查看基金经理的变动情况，如果变动频繁，而且业绩还出现下降或是负收益，则需要三思，图1-87展示的是某只基金的经理变动表（基金经理更换后收益出现下降且出现-5.97%的任期回报）。

现任基金经理　基金经理变动一览　更多>

任职时间	基金经理	任职天数	任期回报
2022-08-12~至今	黄华 胡琼予	1年又79天	-5.97%
2022-07-01~2022-08-11	黄华	41天	0.72%
2019-12-02~2022-06-30	黄华 蒋雯文	2年又211天	19.53%
2019-08-19~2019-12-01	黄华 蒋雯文 王慧杰	104天	1.53%
2018-06-01~2019-08-18	黄华 蒋雯文	1年又78天	8.26%

更多中欧康裕混合A基金经理详情>

图1-87　基金经理变动情况

当然，如果这只基金的历史业绩已经亏损了很多，又更换了基金经理，哪怕是特别有名的基金经理人，也不要贸然投资，除非投资策略、投资风格和运作方式发生了很大的变化，比如将投资策略由成长变成价值、自上而下更改为自下而上、资产配置发生变化等。

1.2.11　常用的基金网站

基金平台在几年前可能单指基金网站，包括天天基金网、晨星网、中证指数、萝卜投研和中国理财等，不过，随着移动网络的发展和智能手机的普及，大家也开始习惯使用手机端的基金平台，比如支付宝App和银行App。

1. 电脑端的基金网站

它是指在电脑网页上的基金官网，包括中国理财、天天基金网、晨星网等，使用的方法都差不多，就是在浏览器中输入网站进入官网，然后输入基金名称搜索。

（1）中国理财网

它是中国银行保险监督管理委员会指定的官方网站，不仅是理财数据的全方位权威发布平台、理财产品的个性化筛选查询工具、理财资讯的多角度实时获取渠道，还是理财知识的实用性财经知识学堂和理财观点的专业化研究交流平台，如图1-88所示。

图1-88 中国理财网

（2）天天基金网

它是东方财富旗下的线上基金官网，我们可以查到各类基金的详细信息、历史业绩、净值、持有人结构、基金经理、排名、导购等，如图1-89所示。

图1-89 天天基金网

（3）晨星网

它是国际权威评级机构，自身并不进行基金和股票投资，能够保证它的评级和分析的独立性及客观性，因此，参考价值比较高，如图1-90所示。

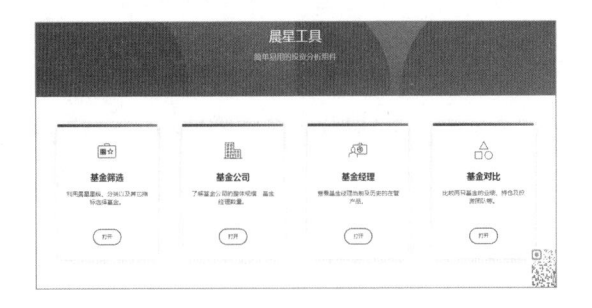

图1-90 晨星网

（4）中证指数

它的全名是中证指数有限公司，在网站中可以查看相关指数信息及查看该指数的编制方案,还可以查看历史表现、市盈率和指数估值等,因此,它主要用于被动型基金的指数信息查询和分析,如图1-91所示。

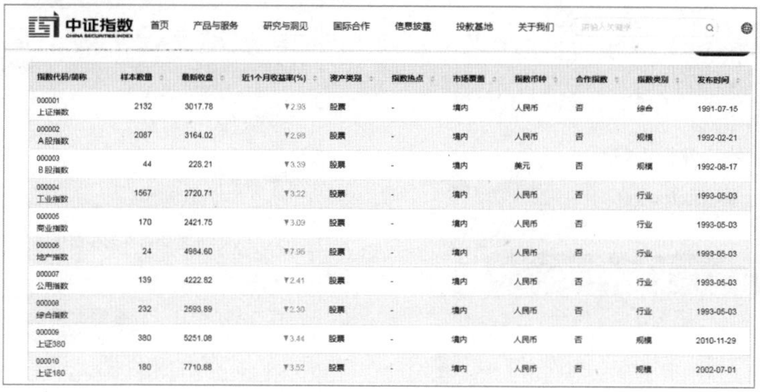

图1-91 中证指数

(5) 各个银行官网

我们能听到的银行,基本上都有自家的网站,特别是那些大型商业银行和五大行(中国银行、中国农业银行、中国工商银行、中国建设银行、交通银行),它们都会有理财产品和基金产品,持卡人都能在上面进行买卖,如图1-92所示。

2. 手机端的基金平台

除了中国理财网、天天基金网、晨星网等基金网站的App外,普通人使用较多的手机端基金平台主要是支付宝App和银行App。图1-93展示的是支付宝的基金交易页面。图1-94展示的是某银行App的基金交易页面。

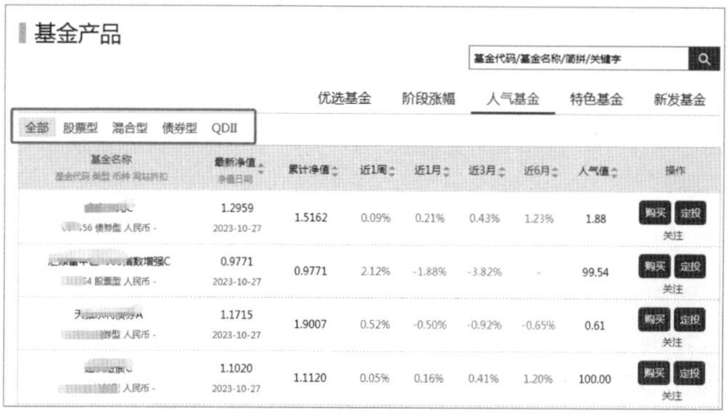

图1-92 某银行的基金交易网页

图1-93　支付宝的基金交易页面　　图1-94　某银行App的基金交易页面

第2章

特殊定存的理财方式

2.1 收益稍高的存储

作为普通人的我们，不可能把所有的钱都去购买银行理财产品和基金，需要留一点"家底"作为最后的"兜底"，毕竟存储是最安全的，也是最有保障的留存财富的方式。不过，就现在的存款利率而言（未来几年的银行利率可能会更低），如果只是把钱简简单单地定存在银行，收益真是太低了，因此，我们要想办法把存储的收益提高一点儿，同时兼顾流动性。为了更好地玩转银行定存，你需先了解几种利息结算的方式，毕竟有些存款和票据的玩法就是在利息和利率上做文章。

- 整存整取的利息（定期存款利率）：是指整笔存入，到期一次性支取本息，也可以理解为满期利率。比如，你定存50 000元，存期1年，则银行在1年到期后将本息一起支付给你。
- 零存整取的利息：是指每月存入固定金额，到期一次性支取本息。
- 存本取息（派息利率）：是指整笔存入，约定取息期到期一次性支取本金、分期支取利息，比如你定存50 000元，存期3年，银行每月支付给你利息。
- 先息后本（利率前置）：是指银行存款或是票据中的部分收益或全部收益提前兑付，比如，你在银行存50 000元，存期1年，银行提前给你结算支付利息。与之相反的是利率后置，也就是到期后连本带息一起支付。

2.1.1 五种高利率的存款技巧

在银行存钱，很多人都是直接定存几个月或是几年，其实，在实际存储中，我们可以采用一些小技巧，不仅让懒人理财更灵活和有更高利率，还能让你的每一分钱被充分利用，让收益达到最大化。

1. 多个存单法

当你手上有一笔钱，不确定什么时候要急用，也不确定要用多少时，为了让利息最优化,可以将这笔钱分成几份,而且存储的年份为阶梯式,比如,你有5万元,将其分成3份定存,即1万元、2万元和2万元,周期分别为1年、2年、3年。当每一笔存单到期后,又定存为3年,这样,当第一笔存单到期后,你每年都有存单到期,且都会有存单享受3年的存款利率。相比于一次性将5万元定存为1年和两年的利息收益更高,而且在你要急用钱时,可以取出其中一单或是两单,收益为活期利息,剩余的存单还可以继续赚取较高利息。

对于一些小额度的钱财周转时,我们可以用花呗或是信用卡进行临时周转,完全可以不动用存单,因此,不需要太多的钱作为备用,也就意味着你可以将自己更多的钱定存在银行账户里。

2. 梯度存款法

它是指把一笔资金按由少到多的方式分成多份,分别存入银行定期,当有小额资金需求时,先把小份额的定存资金取出,让大份额的资金继续赚取利息收入。比如你有5万元,可以将其分成5 000元、10 000元、15 000元和20 000元,分别做定期存款,假如在存单未到期时,需要5 000元的急用资金,那么,你只需把5 000元取出,另外3笔的利息收入并不受影响。

3. 月月存单法

它是指每月拿出一笔钱定存到银行,存期为1年。一年就会有12张1年期的定期存款单,从第二年开始,每个月你都会有一张存单到期,享受1年定期利率。

补充:月月存单法中每月拿出钱定存的思路与定投指数基金的逻辑基本一样,不同的是,定投指数基金的收益会远远高于银行定存,而且投资的时间越长赚钱效应越明显,具体的指数基金知识,我将在第6章中进行讲解。

4. 复利存单法

它是指在银行设立"存本付息"的存款模式,每月都有利息,你将这些利息取出并存入新开的零存整取账户中,让前期存款的利息也能再次赚取新的利息,实现利息滚雪球效应,即复利。

例如你有50万元，在银行设立2年期的存本取息的存单，年利率为2.15%，那么，每月有895.83元的利息。你把第一个月利息取出，新开一个零存整取账户，后面每个月坚持把第一个账户的利息取出存入零存整取账户赚取利息，实现"利滚利"的复利。

当然，你也可以将"存本付息"的模式与银行商量更换为"派息利率"或是"利率前置"的方式，把收到的利息再次进行定存。

补充：无论是哪种存款方式或是下文中的大额存单和结构性存款的票据抵押、质押或是贴现利率等都需要与银行或是中介商量、谈判，因为没有人愿意将利益让出。

5. 通知存款

如果你有一笔金额不小的钱，不能存定期或是封闭期超过65天的存单，此时，你可以做一个通知存款，它比把钱直接放在银行的活期利率要高很多，你也可以赚一笔零花钱。

例如，张某在股市低迷期间，将100万元炒股资金存入七天通知存款（利率为1.62%），两个月后，张某即可获取比活期存款多100万×60天×（1.62%−0.72%）÷360天=1 500元的利息（活期利率为0.72%），既保证了用款需要，又可享受活期利息大约2.25倍的收益。

看到这里有人会问，为什么不直接把钱放进余额宝。这里需要强调一点：余额宝的主体虽然是网商银行，但出现过钱被无辜冻结几年的新闻，所以，它存在风险（虽然这种风险发生的概率很低，但是一旦发生在你身上就是100%）。因此，这里推荐通知存款。

2.1.2 结构性存款

如果你觉得银行一般的存款利率太低了，完全看不上，可以选择结构性存款。在2018年以前，它与银行的定期存款基本上没有区别，既保本又承诺预期利息收益，而且都能签订纸质合同，基本上本金和利息都是刚性兑付。在2018年后，它与银行的定期存款有了一定的区别,保证本金但是不保证预期收益,打破了预期收益的刚性兑付,同时把以前的预期收益更改为业绩比较基准,而且出现了区域收益率,如图2-1所示。

图2-1 结构性存款的阶段收益

虽然,结构性存款不像以前那样保本保收益,但是它没有本金损失的风险(一旦本金出现亏损,银行将进行垫付),同时,收益普遍会高于银行定存,而且有时还会获得较高收益,比如,我在2023年端午前夕购买40 000元的结构性存款,区间收益为三层:2.7%至3.0%至3.7%,封闭期为91天,到期后的实际收益率为3.7%,而同期银行定存三个月只有1.5%的年利率。

大家需要注意两点:一是购买结构性存款有一个渠道问题,即有些银行网页版中只能搜索到该行的结构性存款的简介,无法正常购买,必须通过手机银行或是银行柜台购买。同时,一些银行的结构性存款的名称不是"结构性存款",而是以其他名称存在,比如光大银行的安存宝、中国建设银行的利得盈等。购买的方法也很简单,打开手机银行App,登录后,如果你知道具体的结构性存款的名称,直接找到它并购买,如果不知道名称,则在搜索框中输入"结构性存款",系统会自动弹出对应的选项,然后你选择具体某一期的结构性存款即可。二是有最低额要求,有的是2 000元起投,有的是10 000元起投,有的则是50 000元起投。

以在光大银行App上购买结构性存款为例,具体操作步骤如下:

第1步:登录光大银行App,在搜索栏中输入"结构性存款",弹出含有安存宝字样的选项,选择它,如图2-2所示。

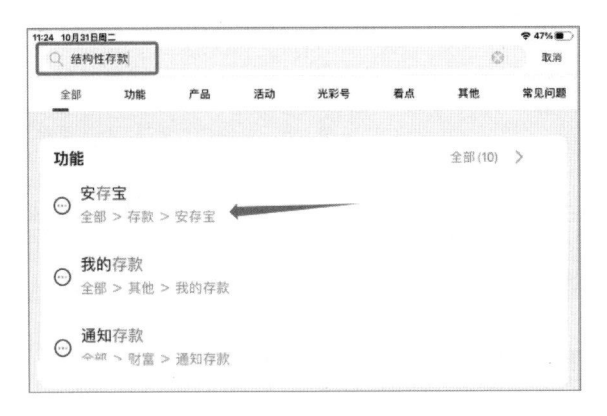

图2-2 搜索结构性存款

第2步:选择符合自己规划的结构性存款选项(主要指标有两个:一是封闭期的时长,二是收益率的高低),然后点击"进入购买页面",如图2-3所示。

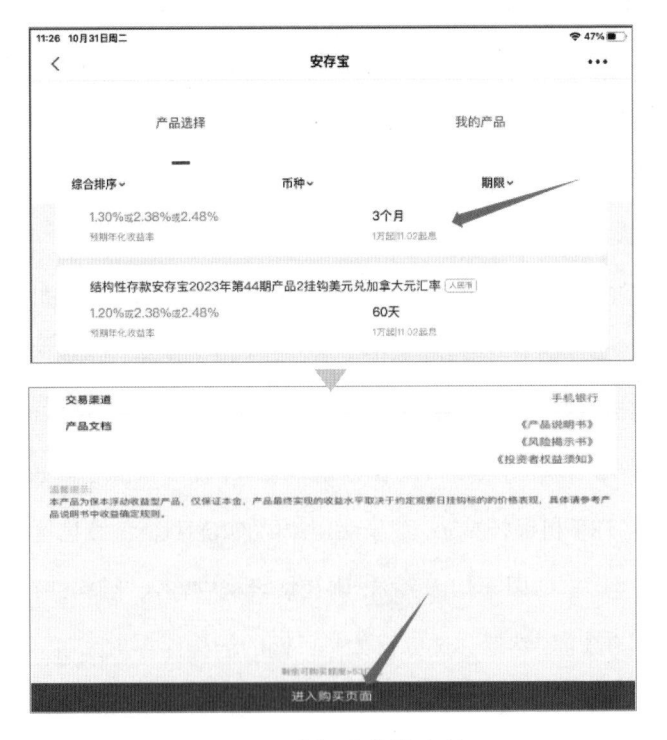

图2-3 选择结构性存款

第3步：输入购买金额，选择同意条款，按操作提示依次填写电子签名等，直到购买成功，如图2-4所示。

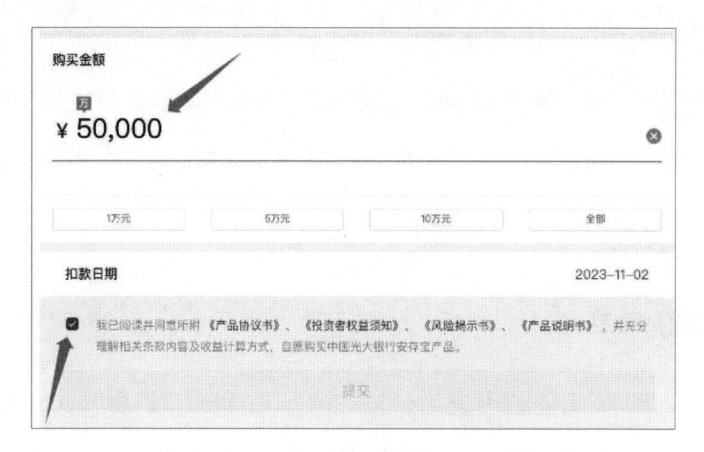

图2-4 设置购买金额并同意条款

有人会问，很多银行都有结构性存款，我们该怎么去选择？最直接的方式是去比较收益率的高低，优先选择收益相对较高的银行和结构性存款产品。通常情况下，商业银行的结构性存款收益率会相对高一点，特别是恰逢节假日时的活动，比如某银行在端午节推出的结构性存款的端午专享，其收益率不仅比平日的收益率要高0.2%～0.3%，还比其他银行的收益率要高一点儿，如图2-5所示。

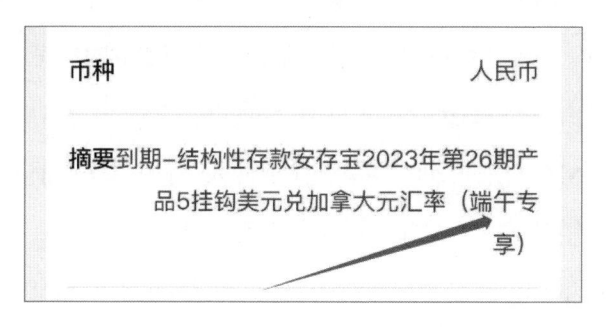

图2-5 节假日专享的结构性存款

补充：结构性存款的理解

结构性存款分为两部分，即存款和结构性。前者可以保证本金安全和保底收益率，后者是提高收益率（类似于卫星投资策略）。比如10 000元的结构性存款，银行会拿8 000元用于存单存款或是货币市场工具等低风险固定收益类资产的投资，拿2 000元用于金融衍生品的投资，比如美元、欧元、期权、黄金等，以获得超高收益。如果这2 000元投资赚取了理想收益，则实现整体收益的目的，自然会比银行定存要高一些。反之，2 000元投资没有达到理想收益甚至是亏损，但是有8 000元的本金和收益也能覆盖亏损，甚至能剩余一些收益，因此，这也是结构性存款的比较基准利率是一个范围的原因。

2.1.3 大额存单

随着收入的增加，在没有重大开销的情况下，我们口袋里的钱会越来越多，一旦超过20万元，我们又多了一个银行存款选项，即大额存单。这样不仅利率会比普通定存要高几个点，而且当手中的金额越多，还可以与银行进行"讲价"，让存款的利率更高。当然，存款期限有最少7天的硬性限制，通常的期限是1个月、3个月、6个月、9个月、1年、18个月、2年、3年和5年共9个品种。办理大额存单的方法很简单，就是在手机银行或是银行柜台定存为大额存单就行了，如果银行柜台的执行利率高，可以前往柜台进行人工办理。

大额存单有两个优势，即转让、抵押/质押。这两项功能基本上解决了资金流动性的限制问题。这也就意味着当你突然遇到需要用钱的时候可以将存单变现。

（1）大额存单转让和接手

简言之，是将剩余未到期的存单转让给他人，你可以获得前期的存单利息，受让人获得后期存单利息。你并不会因为急用钱损失利息的钱，毕竟一般存款会因为储户提前提取部分或是全部存款，只能获得同期的活期利息。

例如，张先生购买了30万元的大额存单，年利率为3.15%，期限为三年，到期一次性还本付息。持有两年的时候，张先生的利息收益已有18 900元（300 000×3.15%×2）。此时张先生需要急用钱需要提前支取，如果按照活期存款0.3%的利息计算，他只能获得1 800元(300 000×0.3%×2)的利息，这意味着他

第 2 章 特殊定存的理财方式

将损失17 100元的潜在利息收益。然而，张先生借助银行转让平台将这笔存单转让给他人，在没有让利的情况下，张先生就能获得18 900元的利息收益。

在现实中，如果要顺利或是快速将大额存单转让给他人，你可以让利一部分，越急，让利越多，毕竟按照票面利率转让，接手的人不多。图2-6展示的是可转让的个人大额存单。

利率	期限	起点金额
个人大额存单2023年第9期	（3年可转让）	
3.10%	三年	人民币20.00万

图2-6　可转让的个人大额存单

转让的操作方法为（以中国建设银行为例）：登录个人手机银行，搜索"存单转让"，选择"转让平台"，在跳转到的"转让交易平台"页面中点击"我要转让"，如图2-7所示。

图2-7　转让大额存单

然后，选择要转让的大额存单选项，如图2-8所示。

通常情况下，转让大额存单是解决紧急资金需求的手段，然而，在收益最大化的思路下，我们也可以利用大额存单赚取价差。其逻辑在于：随着银行利率不断下降，大额存单因其相对稀缺性而变得抢手，获取难度逐渐增加，我们可以迅速抢到这些大额存单，并以更高的价格打包卖出（要求：手速快+网速快），通过这种方式反复取得利差收益。这种方法的风险基本上为零，最坏的结果是大额存单卖不出去，此时只需持有到期即可。

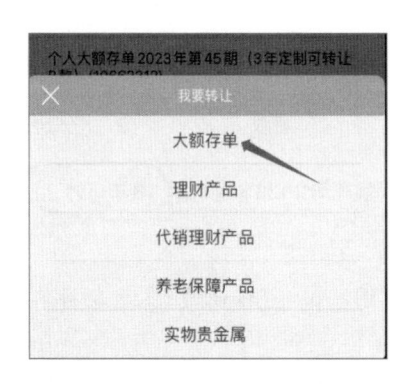

图2-8 选择要转让的大额存单

例如，张三购买了30万元的大额存单，年利率为3.15%，期限为3年，购买成功后随即打包转让，以3.13%的利率转让，价差0.02%，假设第二天成功卖出（剩下的3年全部打包卖出，赚取价差），则可获利205.73元。计算公式如下：

持有一天的收益=300 000×3.15%÷365≈25.89元

剩下两年364天的收益=300 000×0.02%÷365×1094≈179.84元

总收益为：179.84+25.89=205.73元

此时，张三的年收益率为25.03%（205.73×365÷300 000），远远高于大额存单的3.15%年利率。不过，需要注意的是，这种打包卖出方式，次数不能太多，而且出手时间越快越好，原因很简单，即随着时间的推移，收益可能会越来越低，除非银行定存的年利率持续下降。

此外，既然我们是以理财为手段，以收益为目的，不妨把思路打开，将自己转换为存单的受让人，也就是接手其他人的大额存单，我们就可以通过利差或是转让人的让利，获取差额收益。

例如，张先生购买了30万元的大额存单，年利率为3.15%，期限为3年，已存

2年，现在急需用钱必须马上出手，他打算让利0.1%，让利后的年利率变为3.05%，此时，你就可以接手张先生手上的这张大额存单，你有两种方式赚取收益：一是继续持有大额存单到期，赚取到期利差收益300元（300 000×0.1%×1）。二是接手张先生的大额存单后，你再让利0.02%以3.13%的年利率转让，一旦有人接手，赚取价差。这两种赚取收益的方法可以无限循环，积少成多，一年下来的差价收益率要远远高于银行的大额存单，即我们不生产大额存单，只做大额存单的搬运工。

有人会说这样赚取收益的机会我们在哪里能找到？在银行官网。既然银行允许转让，而且帮忙转让，那么，银行官网中肯定可以找到转让信息，如图2-9所示。

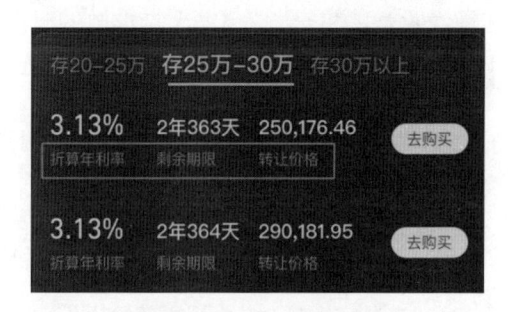

图2-9　转让的大额存单

补充：如果你的大额存单金额因为超过50万元会有些担心，可以在多家银行存入大额存单，毕竟大额存单也属于存款储蓄类，所以50万元以内的资金同样在存款保险条例保护的范围内，即本息有保障。不过，国有银行破产的可能性很小，因此你可以放心。比如，70万元，你可以将其拆分为50万元和20万元，存在至少两家银行。当然，如果你不怕麻烦，想获取更高一点儿的利息收益，可以在多家中小型银行买入大额存单（主要是付出人力成本和时间成本去找中小型银行并进行利率对比）。因为中小型银行的影响力相对于大型银行会弱一些，它们为了吸收存款，会将利率相对提高几个点。

（2）大额存单抵押/质押

当你将钱存入银行并购买大额存单后，若遇到急需用钱的情况，可以利用存单作为质押物向银行申请贷款，也就意味着你把未到期的大额存单质押在银行，银行根据存单金额按比例给你提供贷款,此时,大额存单变成担保物的角色,对于银行而言几乎没有风险,因此银行愿意贷款给你。不过,这种贷款方式存在金额和期限上的限制条件:贷款起点金额为1万元,且质押率不超过95%,贷款期限不能超过5年,且不得超出所质押的大额存单到期日。

办理大额存单抵押/质押需要的证件:你的个人身份证件和大额存单。如果你用他人的大额存单作为抵押进行贷款,需要他人的身份证明材料和授权书之类证明。

那么,我们可以利用这条规则。既然大额存单可以进行抵押并提取现金,一旦出现大额存单的利率高于质押大额存单的贴现率,这两者之间就出现了价差,这种价差提供了循环赚取收益的机会,这也是大额存单的惯用赚钱手法,此时,你也可以像金融家或是企业家那样以钱赚钱。

例如,你拿30万元买入银行的大额存单(或是定期理财),年利率为3.15%,期限为1年,利息是9 450元300 000×3.15%×1,本金加利息为309 450元(300 000+9 450)。假设银行当前的贴现率为2.8%。此时利差出现0.35%(3.15%-2.8%),你可以将大额存单(或是定期理财)一起质押给银行,扣除贴现的钱8 664.6元(309 450×2.8%),将300 785.4元(309 450-8 664.6)给你。拿到钱的你可随即购买大额存单(或是定期理财),根据以往经验,银行会在1至2个工作日内完成。

如果你已掌握整个操作流程,由于其低风险特性,你不仅可以利用自己的资金来循环赚取收益,还能通过借钱来扩大自己的资金规模,从而赚取更多的收益。

2.1.4 存单质押开票

投资理财不仅是为了安全和利息,更是为了轻松盈利。因此,有了存款后,特别是大额存款,你可以利用两个利率差去实现多赚钱的目的,当然,为了有足够的"动力",所需的金额应相对较大。核心逻辑和步骤包括将存单等资产质押给商业银行充当承兑保证金;开具票据并办理贴现,具体分为利息前置型和非前置型两种方式。

1. 利息前置型存单质押

你向银行买入封闭期的大额存单或是结构性存款（也可以是风险很低的固收类理财产品），约定为前置利率（简单理解为提前获取利息），银行向你开具质押票据。然后，你拿着这张票据到另外一家愿意贴现的银行，且贴现利率低于你的存款利率，此时产生价差，从而获得收益。

例如，A向B银行购买1 000 000元一年期结构性存款，前置利率为3.5%，提前获得利息为35 000元（1 000 000×3.5%×1），C银行愿意为A贴现，贴现利率为3%，因此，A能贴现票面的金额是1 000 000−（1 000 000×3%）=970 000元，获利价差35 000−（1 000 000×3%×1）=5 000元，总金额为1 005 000元（1 000 000+5 000），C银行一年期后到B银行提取1 000 000元，低风险获利5 000元。

上述案例中A实际被占用的金额只有30 000元，短短几天（最短一天）的时间收益却是5 000元，收益率远高于存单利率。

2. 利息非前置型存单质押

有人会说自己不会谈判技巧，银行大概率不会答应利息前置，往往都是到期后支付利息。但是，这也不影响整个模式的价差赚钱。操作方法与前置利率型存单质押基本一样，只是有一点区别；即存单的利息要到期后才能拿到。

例如，A向B银行购买1 000 000元一年期结构性存款，利率为3.5%，C银行愿意为A贴现，贴现利率为3%，因此，A能贴现票面的金额是1 000 000−（1 000 000×3%）=970 000元，30 000元的资金被占用，一年后拿到存单利息35 000元，仍然获利5 000元。然后，A不断循环来实现高利率高收益的目的。

有人会说自己没有时间或是资源找到愿意贴现的银行抑或是自己是个人不是企业，此时，如果你愿意也可以找到相关的中介，只要金额够大，即使扣除中介费，也可以赚取收益。有人又会说这不是钻空子吗？其实，这是在帮助那些短期突然缺钱的个人或是缺钱的企业，实现资金的快速周转，特别是对一些小微企业更有用，同时，对银行的业绩完成也有辅助作用，因此，央行每年都会提到票据贴现了多少亿金额。比如2023年6月30日,央行发公告称在往年的基础上再增加票据贴现额度400亿元。

补充:什么是贴现率?贴现率是指将未来支付改变为现值所使用的利率或是指持票人以没有到期的票据向银行要求兑现,银行将利息先行扣除所使用的利率。这种贴现率也指再贴现率,即各成员银行将已贴现过的票据作担保,作为向央行借款时所支付的利息。

你可以简单将其理解为:把将来的钱折算成现值,少掉或多出的那部分钱与将来的钱的比值,能拿到的钱越少,则贴现率越高。

比如你有200万元要一年后才可以取出,但当下急需,则你可以转让给银行,但要被扣除一部分利息,银行要承担风险,要再扣除一部分利息,如果你最后拿到180万元,那么贴现率就是20万元(少掉的部分)÷200万元(将来的钱)=10%。反之,如果市场贴现率明码标价为15%,你的200万元能拿到手的金额是200÷(1+15%)≈173.91万元。

有时候,大家会看到"再贴现率"或是"重贴现率",它们是同一个意思,是指商业银行或专业银行使用已同客户办理过贴现的未到期合格商业票据向央行再行贴现时所支付的利率。其为中央银行向商业银行提供贷款的特别形式,也是央行控制信贷规模和货币供给量的一个重要手段。因此,它是商业银行与央行之间的事,也是央行调解货币市场的重要手段之一,与个人投资者没有直接关系。

2.1.5 减少存单收益损失

当你将钱存入银行,特别是选择封闭式结构性存款或其他理财产品,如果因为高利息而不愿意提前撤销存单或是压根无法及时赎回,而你的债权人又急需这笔钱时,你可以采取以下策略。首先,请求银行开具票据。然后,你拿着票据支付给债权人,他随后可以拿着票据到愿意贴现的银行提取现金。

然而,这里存在一个问题:当债权人拿着票据去银行贴现,会产生贴现手续费,这意味着债权人拿到手的钱会减少,此时,债权人肯定不愿意,为了解决这个问题，你可以找一家贴现率（手续费）低于自己存单利率的银行，中间产生价差，承诺当存单到期后再拿一部分利息来弥补债权人的损失。通过这种方式，最终实现三赢的局面。即贴现的银行赚取手续费、债权人拿到欠款、你获得利息收入，同时减少了因提前取款可能导致的存单利息损失。

比如，A向B银行购买10万元一年期结构性存款，利率为3.5%，到期利息收益为3 500元，由于A向C购买了一些设备，产生欠款10万元。此时，A给C一张B银行的10万元票据，由于C此时急需用钱。C向D银行申请贴现，贴现利率为2.8%，拿到了97 200元，A承诺一年后为C补充2 800元。最终的结果是：D银行拿着10万元的票据到B银行提取10万元，无风险赚取2 800元贴现手续费；C拿到了10万元；A赚到了利息700元（3 500-2 800），实现了真正的三赢。

2.2 国　　债

国债是指中央政府为筹集财政资金而发行的一种政府债券。用大白话来说就是国家找老百姓借钱，老百姓也很放心，不用担心国家不还钱，因此，投资风险很低，基本为零。

国债的种类有两种，即储蓄国债和记账式国债。前者包括储蓄国债（凭证式）和储蓄国债（电子式）。其中，凭证式的储蓄国债是一张纸质凭证，需要去银行网点排队，回款方式是到期连本带息一次性回款，如图2-10所示。电子式的储蓄国债是一种以电子方式记录债权的国债，回款方式是按年付息，也就是每年约定的日期都可以收到利息回款，最后一年将会收到最后一次的利息及本金，如图2-11所示。

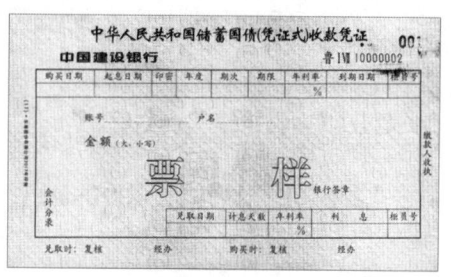

图2-10　储蓄国债（凭证式）的票样

记账式国债是一种无纸化发行，以计算机记账方式记录并可以上市交易的债券。如图2–12所示。由于其流动性较好，因此相较于储蓄国债，记账式国债的收益率要低一点。然而，储蓄国债具有提前兑付的优势，只需要缴纳一定的手续费即可，比如千分之一的手续费。

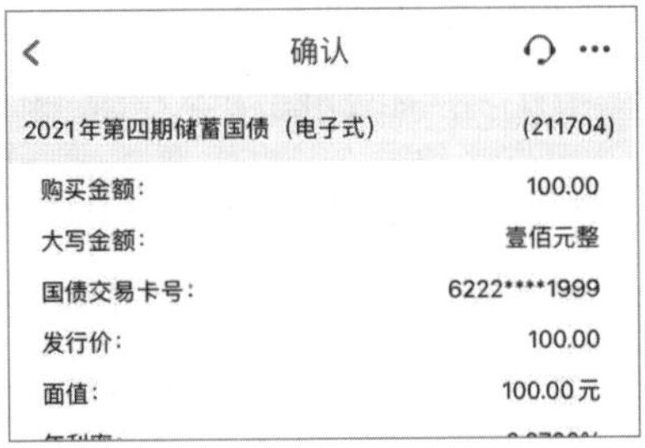

图2–11　储蓄国债（电子式）购买页面

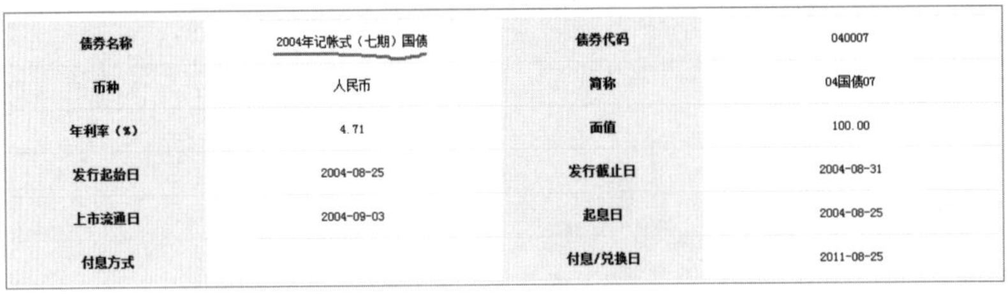

债券名称	2004年记帐式（七期）国债	债券代码	040007
币种	人民币	简称	04国债07
年利率（%）	4.71	面值	100.00
发行起始日	2004-08-25	发行截止日	2004-08-31
上市流通日	2004-09-03	起息日	2004-08-25
付息方式		付息/兑换日	2011-08-25

图2–12　记账式国债

除了凭证式的储蓄国债需要到银行排队购买外，其他几种国债都可以在银行官网和App上按操作步骤购买。如果你是抢购最新发行的国债，除需要准备足额的资金外，还需要手速快及网速快。另外，需要开通“国债托管账户查询”，方法为（以光大银行App为例）：登录银行App，搜索“储蓄国债”，选择国债页面里点击“我的国债”→“国债托管账户查询”，如图2–13所示。然后在弹出的提示框中点击“去开通”，然后填写相应的信息、支付密码和验证码等。

尽管国债难以抢购，但是不必灰心。你还可以通过“市场”去购买记账式国债，这是一种可以上市流动的国债，其交易价格会随市场供求关系及利率、物价等经济与非经济因素的影响而波动，是金融市场上的重要交易对象。因此，对于没有抢到储蓄国债的人，也可以在证券交易软件上购买记账式国债，只需承担市场波动的风险。

第 2 章 特殊定存的理财方式

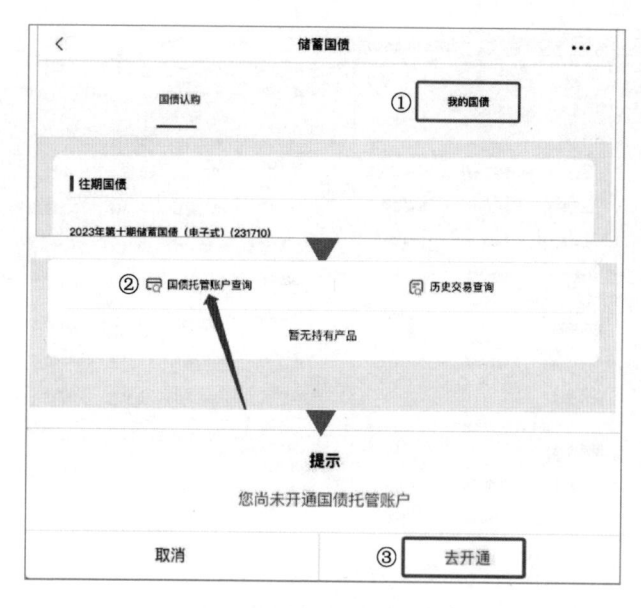

图2-13 开通国债托管账户查询

记账式国债的收益率计算方式如下：

$$收益率 = \frac{[卖出价格(全价) - 国债发行价格 + 票面利率 \times 债券面值 \times \frac{持有天数}{365}]}{(购买价格 \times \frac{持有天数}{365})}$$

收益的计算公式为：

$$收益 = 国债发行价格 \times 收益率 \div (\frac{持有天数}{365})$$

需要注意的是，记账式国债只有在卖出后才能看到收益，出售到账的资金与刚购买国债时的资金之间的差额就是记账式国债的利益。

购买记账式国债的操作步骤（以海通证券交易App为例）如下：

第1步：登录券商交易App，点击"行情"→"市场"→"国债"，进入"国债"产品页，选择你看中的国债产品，如图2-14所示。

第2步：进入记账式国债产品的详情页，点击"买"，然后填写购买仓位数，如图2-15所示。

第3步：在弹出的"买入委托提示"页面中点击"确定"，如图2-16所示。

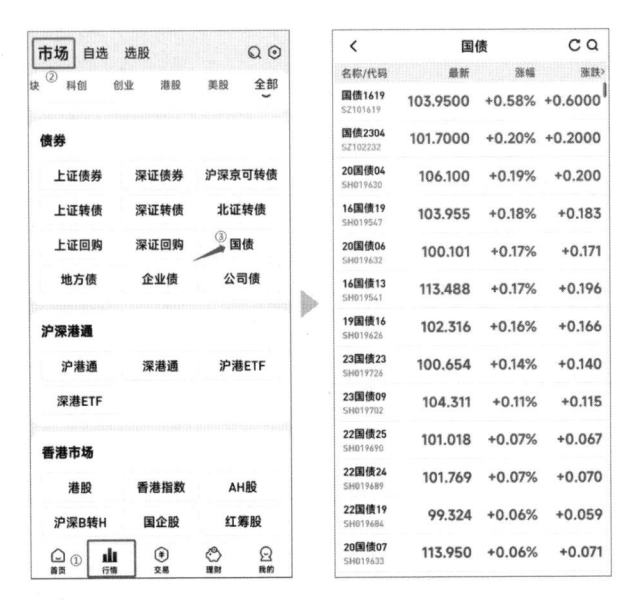

图2-14　选择国债产品

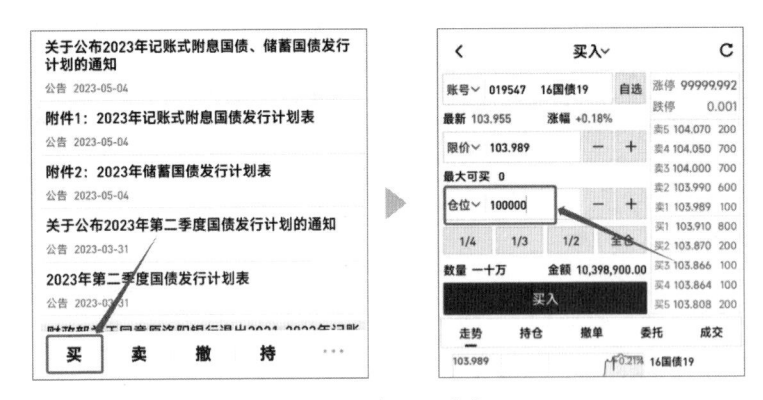

图2-15　购买国债产品

图2-16　提交委托

2.3 券商的收益凭证

券商收益凭证是指由证券公司（券商）发行，约定本金和收益的偿付与特定标的相关联的有价证券，是证券公司以私募形式向投资者发行的一种理财产品，其收益挂钩特定标的。虽然它是一种类似于理财产品，但是从本质上来讲，收益凭证是一种债务融资工具，属于证券公司（券商）的负债，以整个证券公司的信用（金融牌照）为担保，只要证券公司不破产，不关门歇业，就能如期保证本息兑付，而且利率还会比银行定存利率要高几个点，毕竟，借钱的主体是证券公司，而不是银行或是国家，所以，利率要高几个点，不然，谁会愿意借给他们？

你可以将其简单理解为证券公司给你开了一张借条，向你借钱，用合同约定了利息和还款时间，并以公司的信用为担保，到期还本付息。

当然，大家不用担心证券公司或是券商真的破产，毕竟他们的资金实力非常雄厚，很多都是国有资本控股，加之券商的金融牌照的含金量特别高，不是一般公司能申领到的，因此，收益凭证有很强大的公信力和兑付力，风险基本上可以忽略不计。

1. 券商收益凭证的类别

它分为两类：

一是固定收益凭证。指合同约定支付固定利息，不会有变动，相当于一张借条，因此，总收益=本金+固定利息。

二是浮动收益凭证。指合同约定挂钩特定标的，利息不定，会随着金融衍生品的价格涨跌而波动，但是本金是保证，这一点与结构性存款相似，因此，总收益=本金+浮动利息。

需要说明的是，券商收益凭证的产品名称中并不包含"权益凭证"字样，而是需要在产品说明书中才能看到含有"收益凭证"的相关信息。比如，某款名为"理财宝728天期1563号收益品种产品"的收益凭证，如图2-17所示。

2. 券商收益凭证的特点

（1）除保证本金和利息外，它不仅具有较低门槛（通常为5万元，大额存单为

20万元），而且还拥有获取高收益的机会。尽管由于2018年资管新规的实施，保本可以在合同中载明，但保收益的明面承诺已经不复存在，然而，你自己心里一定要清楚，该产品的收益在一定程度是能实现的，但存在一定的风险。

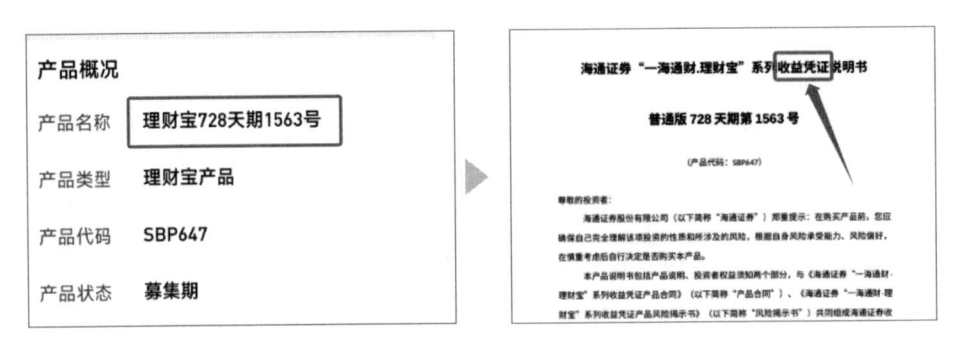

图 2-17 收益凭证产品

（2）持有的期限灵活，资金流动性高，你可以根据自己资金的情况，选择14天、30天、3个月或6个月等不同的期限。

（3）年利率相对于普通存款利率会高出几个百分点。年化收益率通常在3%～5%。因此，这些产品非常抢手，需要快速操作不能抢购到。

3. 普通投资者怎么购买

券商收益凭证分为报价系统发行和柜台交易系统发行两大类。其中，报价系统发的收益凭证仅为机构投资者服务。而柜台交易系统发行的私募凭证可以接受单个投资者的交易。因此，你可以购买柜台交易系统发行的私募凭证，同时，你也可以在OTC柜台市场开通一个三方存管账户（这是一种由银行存管证券公司客户证券交易结算资金的账户），用于证券、期货等交易活动。

补充：OTC柜台市场又叫场外交易市场或店头市场，与交易所市场是一个相对的概念，主要采取一对一协商交易、报价或做市的交易方式，可交易多样化、个性化的产品。你可以将其简单理解为你和交易所之间的连接桥梁、信息提供者和安全的保护者。

购买券商收益凭证的具体的操作步骤如下（以本例中的证券交易软件为例，

该软件中的收益凭证产品包括两款,即理财宝和策略宝)。

(1)从保证本金的渠道买入

第1步:登录券商交易App,点击"理财"→"稳健理财",进入"稳健理财"产品页,在"本金保障"右侧的位置点击"更多",如图2-18所示。

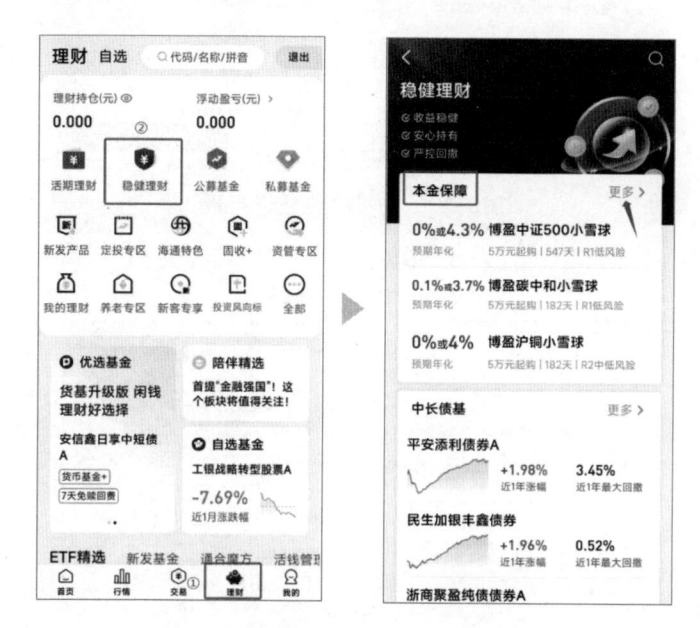

图2-18　选择本金保障的稳健理财

第2步:在收益凭证(本金保障)产品列表中选择符合你心仪的产品选项,然后进入产品详情页点击"立即购买",如图2-19所示,后面按提示操作完成即可。

(2)从OTC专区的渠道买入

① 点击"理财"→"全部",进入理财全部产品页,在产品专区里点击"OTC产品",如图2-20所示。

② 在OTC产品列表中选择自己心仪的产品(由于这些权益凭证产品的募集期已过,所以此时无法购买),如图2-21所示。

补充:有些证券交易App中设有专门的券商收益凭证产品专区,如图2-22所示。此外,有些证券交易App在保证本金的理财板块中也提供相关产品。

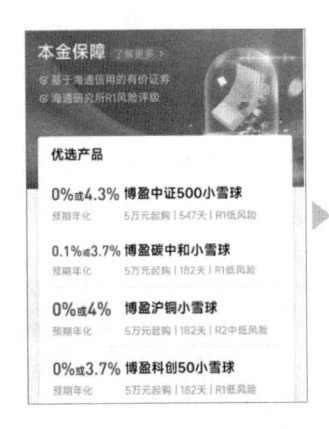

图2-19　购买收益凭证产品

图2-20　进入OTC板块

图2-21　OTC列表中的权益凭证产品　　图2-22　收益凭证专区

第3章

现金管理的初级投资技巧

3.1 现金管理类的初级投资技巧

现金管理类产品通常是指能够提供现金管理服务的理财产品，主要投资于货币市场、债券市场、银行票据和政策允许的其他金融工具等标的，具有收益稳定、风险低、较高流动性的特点，产品名称中常含"货币""现金""流动"等类似字样。鉴于此，它只能投资期限在一年以内的债券，且风险、时间和收益成正比，即风险和时间越长，收益越高。反之，收益越低，具体内容见表3-1。

表3-1 现金管理类产品的投资范围

序号	投资范围
1	现金
2	期限在一年以内（含一年）的银行存款、债券回购、中央银行票据、同业存单
3	剩余期限在397天以内（含397天）的债券、在银行间市场和证券交易所市场发行的资产支持证券
4	国务院银行业监督管理机构、中国人民银行认可的其他具有良好流动性的货币市场工具

同时，按《银行现金管理产品要求》规定，这些产品被禁止投资于净值波动较大和风险相对较高的金融工具，比如永续债、二级资本债等，见表3-2，因此，银行现金管理产品的万份收益率相对稳定且明显走低。在新规出台前，现金管理类产品的收益表现很好，比货币基金要高出约80个基点，即0.8%左右（一个基点等于1个百分点的1%，即0.01%，因此，100个基点等于1%）。

表3-2 现金管理类产品的禁止投资范围

序号	禁止投资范围
1	股票、期货
2	可转换债券、可交换债券
3	用等级在AA+以下的评级债券、资产支持证券等金融工具
4	AAA评级以下的弱资质商业银行的同业存单
5	国务院银行业监督管理机构、中国人民银行禁止投资的其他金融工具

3.1.1 现金管理类产品怎么选

市场上的现金管理类产品主要有四种：分别是货币市场基金、银行及理财子公司发行的现金管理类理财产品、券商的保证金管理产品、信托公司的纯标现金管理类信托产品。本书讲解的是银行及理财子公司发行的现金管理类理财产品。

1. 怎么选

作为投资者,在选择现金管理类理财产品时,可以采用多种方法,比如从投资的资产、增长率进行对比外,最常见的方法是选择收益较高的产品。反映现金管理类理财产品收益情况的常用指标有两个:一是日万份净收益;二是七日年化收益率,如图3-1所示。

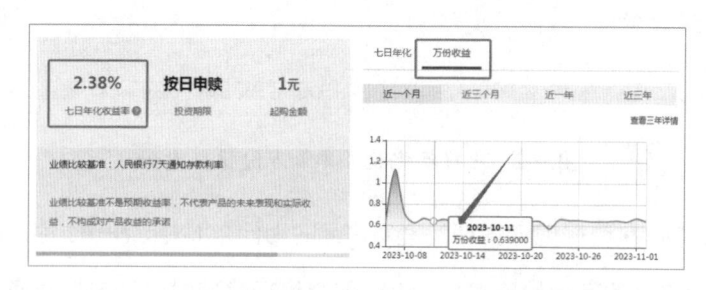

图3-1　七日年化收益率和万份收益

其中,日万份净收益反映的是现金管理类理财产品日实际收益的指标,简称万份收益,即你投入1万元当天能够获得的收益。比如,某现金管理类理财产品显示的日万份净收益是0.56元,也就意味着你投入1万元买入并持有该现金管理类理财产品1万份,当天得到的净收益就是0.56元。

七日年化收益率是指现金管理类理财产品过去7天的日万份产品份额净收益水平的平均值,再进行年化折算后的收益率。即最近7天的平均收益水平,进行年化以后得出的收益率,计算公式为:(收益÷本金)×100%÷7×365,简言之,它反映了产品过去一周内的收益情况。通常情况下,我们会把七日年化收益率当作是年化收益率。比如某现金管理类理财产品,在过去7天一共获得0.077%的收益率,那么,它过去7天每天平均产生的收益率为0.011%(0.077%÷7),根据公式,七日年化收益率则是4.015%(0.011%×365)。

作为一个直观的收益指标,七日年化收益率是投资者对比选择哪一只现金管理类理财产品、货币基金、国债逆回购等的重要指标。当然,七日年化收益率和万份收益都是代表过去的收益情况,不代表未来的真实收益,因为它们会随着产品管理人的操作和市场情况波动而波动。所以,你需要查看更长时间的历史业绩,包括波动的大小、平均的收益情况及走势方向。图3-2为某现金管理类理财产品的三个月年化收益率和万份收益的走势。

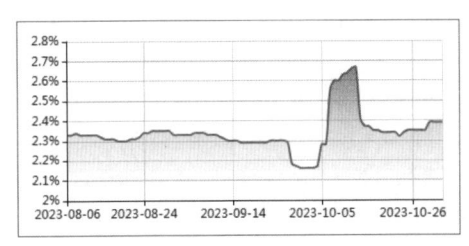

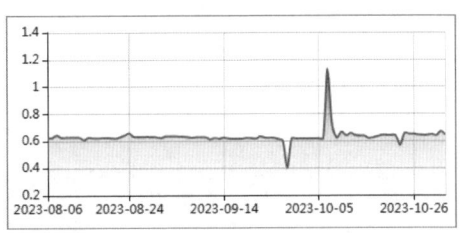

图3-2 七日年化收益率和万份收益走势

有人会问,在选择现金管理类理财产品时为什么不对比净值?那是因为现金管理类理财产品的净值始终是1。同时,现金管理类理财产品的收益通常被转换为产品份额,投资者增加的是总份额,而不是净值变大。

比如,A用1万元买入并持有一款现金管理类理财产品,获得1万份产品份额,如果当天的万份收益为1,则A当天的分红份额为1份(产品净值为1),总份额为10 001。如果当天的万份收益为0.7,则A当天的分红份额为0.7份(产品净值为1),总份额为10 000.7。

2. 适合谁

由于现金管理类理财产品的风险低、周期较短、申赎灵活和收益低的特点,主要适合的人群有以下两类:

一是对于那些偏好资金高度流动性、享受随时取用便捷的同时,又对传统活期储蓄较低收益率感到不满的投资者。

二是对于追求资产配置多元化、希望通过分散投资以降低整体投资组合风险的投资者。

3.1.2 多银行分散投资，灵活应对速汇款项的额度限制

2021年5月银保监会发布《关于规范现金管理类理财产品管理有关事项的通知》后，现金管理类理财产品的每日赎回额度（T+0）从5万元缩减至1万元。超过1万元的部分将实行T+1的赎回模式，即当日卖出次日到账，这让现金管理类理财产品的流动性大为降低。

你作为投资者，没办法改变这一现状，只能适应。因此，为了解决这一流动性问题，最直接的方法是：在多家银行购买现金管理类理财产品，且每一家银行的投资金额不大于1万元，这样就可以在需要钱的时候进行快赎，金额迅速到账，不耽误事情。

3.2 货币基金的初级投资技巧

货币基金的全称是货币市场基金，又被称为准存款，是一种专门投资低风险短期有价证券的金融工具。简言之，基金公司汇集社会闲散、流动性较强的钱，形成一定的规模后，再集中投资短期国债、短期银行存款、中央银行票据及信用等级比较高的企业债券或商业票据等。其特点是波动小、安全性高、申购和赎回到账及时、规模大，以及每天都有收益，当然与之对应的是收益较低。

3.2.1 货币基金的种类

国内有近700只货币基金，主要分为A、B、C、E四类。其中，A类货币基金，比如中加货币A，如图3-3所示，投资门槛最低，甚至可以低至0.1元，典型代表如余额宝（天弘货币基金），是最适合大众投资的货币基金，不管是万份收益还是七日年化收益率都是所见即所得，因为其他费用，比如销售费用等，都在每天的基金净值里扣除了。

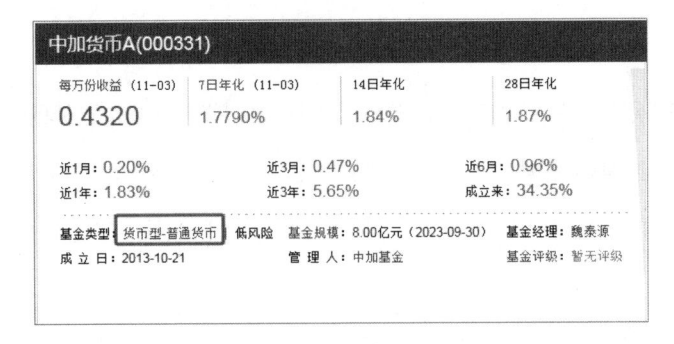

图3-3 A类货币基金

B类货币基金投资门槛较高，主要投资对象是机构投资者或资金量大的客户，最低申购起点一般是500万元，如图3-4所示，不过，它的销售服务费要比A类货币基金低，一般为0.01%，典型代表如泓德添利货币B，它要投资者以500万元起投。

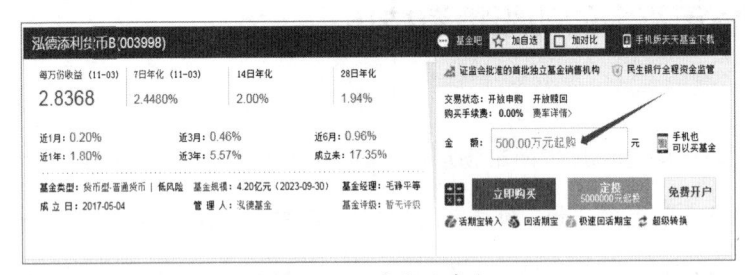

图3-4 B类货币基金

C类货币基金门槛也非常高，一般也为500万元起投，不适合普通投资者。

E类货币基金结构比较复杂，它包含两个主要部分：一部分是场内交易的ETF货币基金或LOF货币基金，另外一部分则是通过基金公司的网上交易系统、直销中心进行销售的货币基金。

3.2.2 挑选收益高风险小的货币基金

随着余额宝收益越来越低，我们需要跳出"省心区"，去货币基金的市场中挑选那些收益高且风险小的货币基金来增加投资收益。具体的操作流程如下：

第1步：在货币基金中对"近3年"的收益率进行由高到低的排序，筛选出近3年收益率比较高的基金品种，然后手动记录排在前20的货币基金，如图3-5所示。

比较	序号	基金代码	基金简称	日期	万份收益	年化收益率			净值	近1月	近3月	近6月	近1年	近2年	近3年	近5年	今年来	成立来
						7日	14日	28日										
□	1	004973	长城收益宝货币	11-05	0.6071	2.2410%	2.29%	2.30%	---	0.19%	0.57%	1.16%	2.33%	4.77%	7.85%	14.70%	1.98%	20.68%
□	2	002890	交银天利宝货币	11-03	0.7474	2.0250%	2.07%	2.05%	---	0.19%	0.51%	1.09%	2.27%	4.63%	7.53%	13.51%	1.92%	23.12%
□	3	001821	兴全天添益货币	11-03	0.4958	2.1910%	2.18%	2.22%	---	0.23%	0.56%	1.16%	2.30%	4.64%	7.45%	13.45%	1.96%	26.49%
□	4	004417	兴全货币B	11-03	0.6163	2.2520%	2.26%	2.31%	---	0.23%	0.56%	1.14%	2.23%	4.57%	7.37%	13.47%	1.91%	21.64%
□	5	000700	宏利货币B	11-03	0.6074	2.2970%	2.24%	2.16%	---	0.21%	0.53%	1.10%	2.21%	4.62%	7.36%	13.46%	1.89%	32.68%
□	6	004137	博时合惠货币	11-05	0.5806	2.2210%	2.23%	2.19%	---	0.19%	0.54%	1.11%	2.17%	4.51%	7.36%	13.55%	1.85%	22.58%
□	7	005151	红土创新优享货币	11-03	0.4589	1.8400%	1.99%	2.11%	---	0.18%	0.50%	1.09%	2.25%	4.57%	7.30%	13.50%	1.99%	19.07%
□	8	002234	泰信天天收益货币	11-03	0.6060	2.3280%	2.34%	2.30%	---	0.22%	0.57%	1.19%	2.32%	4.65%	7.28%	12.11%	2.01%	21.80%
□	9	003474	南方天天利货币	11-03	0.5974	2.2210%	2.19%	2.19%	---	0.18%	0.54%	1.11%	2.21%	4.55%	7.28%	13.29%	1.89%	23.24%
□	10	003483	交银天鑫宝货币	11-03	0.6097	2.1790%	2.16%	2.12%	---	0.20%	0.53%	1.08%	2.14%	4.48%	7.27%	12.97%	1.82%	21.56%
□	11	003281	广发活期宝货币	11-03	0.5895	2.2200%	2.19%	2.16%	---	0.18%	0.53%	1.09%	2.22%	4.49%	7.27%	13.08%	1.88%	23.36%
□	12	002680	工银安盈货币	11-03	0.6427	2.3210%	2.26%	2.25%	---	0.23%	0.55%	1.12%	2.23%	4.53%	7.26%	12.75%	1.90%	24.10%

图3-5 对"近3年"的收益率进行排序

第2步：在货币基金中分别对"近2年"和"近1年"的收益率进行由高到低的排序并手动记录，如图3-6所示。

比较	序号	基金代码	基金简称	日期	万份收益	年化收益率			净值	近1月	近3月	近6月	近1年	近2年	近3年	近5年	今年来	成立来
						7日	14日	28日										
□	1	004973	长城收益宝货币	11-05	0.6071	2.2410%	2.29%	2.30%	---	0.19%	0.57%	1.16%	2.33%	4.77%	7.85%	14.70%	1.98%	20.68%
□	2	002234	泰信天天收益货币	11-03	0.6060	2.3280%	2.34%	2.30%	---	0.22%	0.57%	1.19%	2.32%	4.65%	7.28%	12.11%	2.01%	21.80%
□	3	001821	兴全天添益货币	11-03	0.4958	2.1910%	2.18%	2.22%	---	0.23%	0.56%	1.16%	2.30%	4.64%	7.45%	13.45%	1.96%	26.49%
□	4	002890	交银天利宝货币	11-03	0.7474	2.0250%	2.07%	2.05%	---	0.19%	0.51%	1.09%	2.27%	4.63%	7.53%	13.51%	1.92%	23.12%
□	5	000700	宏利货币B	11-03	0.6074	2.2970%	2.24%	2.16%	---	0.21%	0.53%	1.10%	2.21%	4.62%	7.36%	13.46%	1.89%	32.68%
□	6	002760	东兴安盈宝B	11-03	0.4972	2.3670%	2.45%	2.29%	---	0.22%	0.54%	1.10%	2.26%	4.59%	7.01%	12.12%	1.91%	22.58%

比较	序号	基金代码	基金简称	日期	万份收益	年化收益率			净值	近1月	近3月	近6月	近1年	近2年	近3年	近5年	今年来	成立来
						7日	14日	28日										
□	1	004121	兴银现金添利A	11-03	0.6134	2.6600%	2.79%	2.65%	---	0.25%	0.64%	1.30%	2.35%	3.99%	6.24%	9.96%	2.09%	17.98%
□	2	004973	长城收益宝货币	11-05	0.6071	2.2410%	2.29%	2.30%	---	0.19%	0.57%	1.16%	2.33%	4.77%	7.85%	14.70%	1.98%	20.68%
□	3	016778	长城收益宝货币C	11-05	0.6071	2.2410%	2.29%	2.30%	---	0.19%	0.57%	1.16%	2.33%				1.98%	2.53%
□	4	002234	泰信天天收益货币	11-03	0.6060	2.3280%	2.34%	2.30%	---	0.22%	0.57%	1.19%	2.32%	4.65%	7.28%	12.11%	2.01%	21.80%
□	5	740602	长安货币B	11-05	0.5499	2.6230%	2.46%	2.33%	---	0.20%	0.61%	1.23%	2.31%	4.38%	6.70%	11.80%	2.02%	39.83%
□	6	001821	兴全天添益货币	11-03	0.4958	2.1910%	2.18%	2.22%	---	0.23%	0.56%	1.16%	2.30%	4.64%	7.45%	13.45%	1.96%	26.49%

图3-6 对"近2年"和"近1年"的收益率进行由高到低的排序

第3步：挑选出收益率较高的货币基金后，需要将基金规模小于10亿元的基金去除掉，因为规模小，基金管理人可投资的范围会缩小，好的资源拿不到，也没有什么话语权。

第4步：查看货币基金持有人的机构，选出散户持有比例超过50%的标的（针对机构投资者的货币基金除外），如图3-7所示，这样做的理由显而易见，主要是因为机构持有比例太大，不排除有机构巨额赎回的情形。

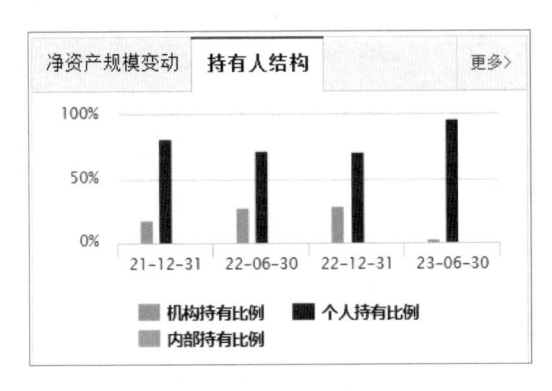

图3-7 个人持有者超过50%

第5步：查看对比成本费用，越低越好，毕竟最后到手的收益是需要扣除各种成本的。

延伸：哪类基金不能买？

优秀的基金我们可以通过上面的步骤进行筛选，确实需要花费时间和精力。但是有一种货币基金可以直接排除，即七日年化收益率突然走高，但万份收益却很低的货币基金，你不需要对它抱有会涨上去的期盼，因为这就是一次走运，也就是过去7天之内遇到了货币基金投资的某个品种收益率突然走高，基金经理进行了抛售，七日收益率肯定会突然走高，等风平浪静或是机遇流走时，一切都会回归，甚至会低于同类的货币基金。比如，七日年化收益率从1.33%突然上升到8.16%，万份收益只有0.47元，随后几天的七日收益率下降至0.8%（对于银行理财产品也是同样的道理，比如某行标榜某款固收类理财的收益为4.16%，投资者买入后，收益率直接下降到1.98%左右）。

3.2.3 货币基金的对比

优秀的货币基金有很多,而且它们之间可能相差不大,所以,怎么挑选出更优秀或是更符合自己心意的货币基金呢?此时,除了自己的个人喜好或是直观感觉外,我们可以借用基金的"比较"功能进行分析对比。

1. 网页端

以在"天天基金网"网站中进行操作为例,演示货币基金的比较(对比)分析的操作步骤。

第1步:打开天天基金网,单击"基金比较"按钮,启用"基金比较"功能,如图3-8所示。

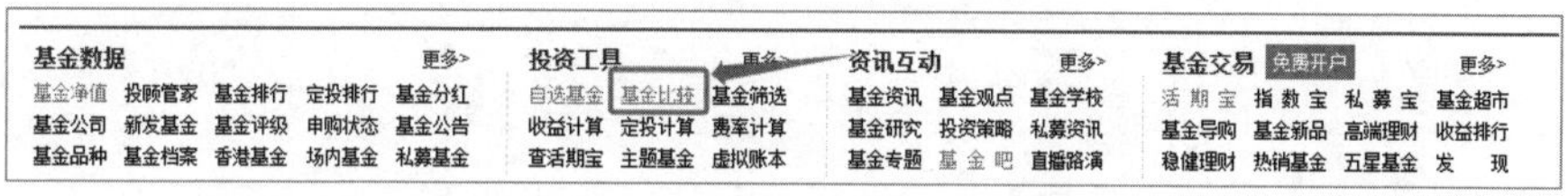

图3-8 启用"基金比较"功能

第2步:在"添加基金比较"搜索框中输入要比较的第一只货币基金名称或是部分名称(输入基金代码也可以),选择标准名称的货币基金选项,如图3-9所示。

图3-9 添加第一只货币基金

第3步:在"添加基金比较"搜索框中输入要比较的第二只货币基金名称或是部分名称(输入基金代码也可以),选择标准名称的货币基金选项,如图3-10所示。

图3-10　添加第二只货币基金

第4步：系统自动将两只基金的收益率进行直接对比（可以直接看出第二只货币基金的收益率稍高一些），如图3-11所示。

图3-11　两只货币基金的收益率对比

第5步：在"收益率走势对比图"板块，我们能通过图表直观对比两只货币基金的走势，如图3-12所示。

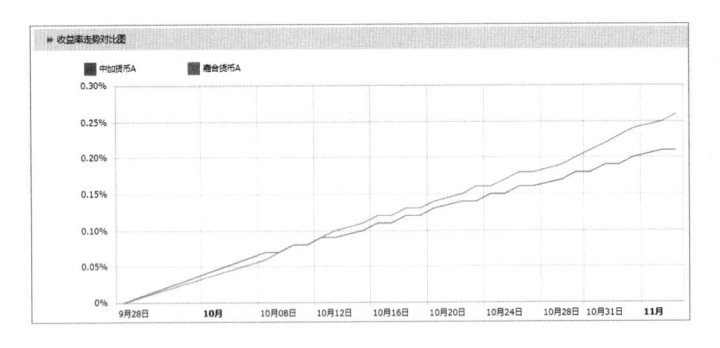

图3-12　两只货币基金的收益率走势图

第6步：在"同类排名走势对比图"板块，能通过图表直观对比两只货币基金在同类中的排名走势，如图3-13所示。

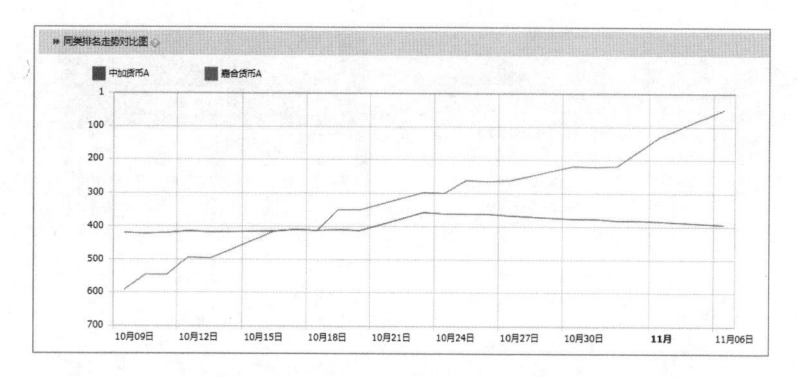

图3-13　两只货币基金在同类中排名走势

补充：如果要对比多只货币基金（其他类型的基金也可以比较），可再重复第2步和第3步操作。图3-14为三只货币基金的收益率对比。

阶段收益	000331 中加货币A	001232 嘉合货币A	001909 创金合信货币
成立日期	2013-10-21	2015-05-06	2015-10-22
今年来	1.61%	1.66%	1.94%
近1周	0.03%	0.06%	0.04%
近1月	0.21%	0.26%	0.24%
近3月	0.47%	0.54%	0.56%
近6月	0.96%	0.93%	1.14%
近1年	1.84%	1.91%	2.24%
近2年	3.57%	3.67%	4.46%
近3年	5.65%	5.81%	7.21%
近5年	10.42%	10.69%	13.28%

图3-14　三只货币基金的收益率对比

2. 手机端

除了网页端外，用惯了手机的我们，也可以直接在基金或是券商App上进行比较，还可以在支付宝App上进行对比。我们以支付宝App上进行货币基金对比操作为例，具体操作步骤如下：

第1步：打开支付宝App，点击"理财"→"基金"，进入基金板块，然后点击"基金排行"，如图3-15所示。

第2步：点击"基金类型"，勾选"货币型"，点击"确定"，如图3-16所示。

图3-15 进入"基金"板块

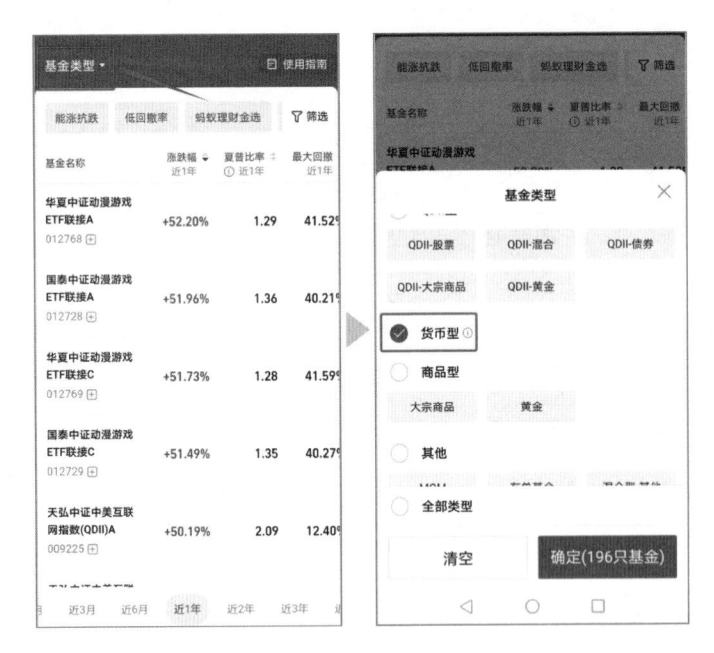

图3-16 选择货币型基金

第3步：选择要比较的第一只货币基金，进入"产品详情"页，点击"对比"，如图3-17所示。

第3章 现金管理的初级投资技巧

图3-17 选择要对比的第一只基金

第4步：点击"搜索"图标，在搜索框中输入要对比的货币基金名称或是代码，选择货币基金选项，点击"开始对比"，如图3-18所示。

图3-18 搜索并添加第二只货币基金

第5步：程序自动将两只货币基金的收益率、基金经理和历史业绩等信息进行对比，如图3-19所示。

图3-19　两只基金的对比结果

第4章

现金管理的高级投资技巧

4.1 现金管理类的高级投资技巧

除了将现金进行简单存储外,还可以考虑将钱进行"短期"借贷,赚一点儿"快钱",从而提高其收益率。在众多现金管理产品中,以国债作抵押的国债逆回购因其风险小、信用度高和广为流行而深受欢迎,而且全年都有此类产品供应。特别是每周四的国债逆回购,具有独特的计息规则,即借款期限虽仅为一天,但利息按三天计算,也就是借1天还3天的利息。

4.1.1 逆回购的品种

常见的逆回购分为两大类:一是央行逆回购,二是国债逆回购。前者的操作主体是央行,后者的操作主体是普通投资者。因此,对于我们个人而言的逆回购专指国债逆回购。

它是一种风险等级很低的投资产品,是以国债作为抵押担保的一种投资品种,安全性等同于国债。而且其本质就是一种短期贷款,即通过国债回购市场把自己的资金借出,获得约定的利息收益,而回购方(借款人)用自己的国债作为抵押获得这笔借款,到期后还本付息。

简言之,他人或是机构缺少资金,用国债作抵押向你借钱,保证在约定期限内还本付息,因此,国债逆回购做到了保本付息。

表4-1为上交所和深交所的国债逆回购不同品种对应的代码。

表4-1 国债逆回购品种的代码

天　　数	上　交　所	深　交　所
1	204001	131810
2	204002	131811
3	204003	131810
4	204004	131809
7	204007	131801

续上表

天　数	上 交 所	深 交 所
14	204014	131802
28	204028	131803
91	204091	131805
182	204182	131806

上交所的国债逆回购的起投金额是10万元，并需以10万元的倍数递增。而深交所的起投金额是1 000元且同样以1 000元的倍数递增。交易费用为：一至四天的短期回购为每10万元的交易额每天收取1元佣金；七天回购的佣金为每10万元收取5元；十四天回购的佣金为每10万元收取10元；二十八天回购的佣金为每10万元收取20元；二十八天以上回购，佣金设定在每10万元收取30元封顶。

另外，在购买国债逆回购时，需要注意的事项有以下三点：

一是回购到期日如果不是工作日，清算的时间会自动顺延到第一个开市日，但是利息只会结算到到期交收日。比如，你周五买了一天期的国债逆回购，周六到期，但是周六和周日都不是工作日，则自动顺延到周一，且周六、周日两天没有利息。

二是清算后，资金只能到债券账户中，用于股票交易，不能提现。次日才能提现到银行账户中。

三是国债逆回购需要在证券软件中交易，这也就意味着你要开通一个证券账户（证券App上直接开户和注册，不需要到证券公司去开户）。

4.1.2　计算逆回购收益率

有些投资者觉得国债逆回购的收益率不用计算，因为在购买的时候，交易页面中已经写明了，如图4-1所示。

不过，其中有以下两个明显的漏洞：

一是平台手续费没有扣除，比如用10万元购买国债逆回购，品种是GC001，年化收益为10%，也就是一天期的国债逆回购，平台手续费是1元，此次投资的实际收益为26.40元（100 000×10%×1÷365-1），与预计收益27.40元相差了1元，此时，你的实际年化收益率就应该为9.64%（26.40÷100 000×365×100%）。

图4-1 交易页面中的逆回购的收益率

二是忽略了资金的占用天数，其中典型的情况分为两种：即每周四的1天期国债逆回购和每周五的1天期国债逆回购。前者虽然仅将钱借出去1天，但利息计算为3天。比如你在周四用100 000元购买国债逆回购，年化收益为2.5%，平台手续费是1元。那么，你此次投资的实际收益约为19.55元（100 000×2.5%÷365×3-1），实际收益率为7.14%（19.55÷100 000×365×100%）。后者同样仅将借出去1天，但由于只有周五有收益，周六、周日没有收益，且资金在下周一才能到账，因此，它的实际收益率肯定会比预期的收益率要低。比如你在周五用100 000元购买国债逆回购，年化收益率为2.5%，平台手续费是1元。那么，你此次投资的实际收益约为5.85元（100 000×2.5%÷365-1），则实际收益率为2.14%（5.85÷100 000×365×100%）。

有人会问，为什么要在百分之零点几之间算计？原因很简单，用钱赚钱就是要精打细算，特别是资金较多的时候，差几个百分点就意味着是一笔不小的差额。

4.1.3 逆回购怎么交易

购买国债逆回购的方法很简单，基本上按操作提示就能完成。这里以海通证券App为例，具体操作如下：

第4章 现金管理的高级投资技巧

第1步：登录证券交易账户（前提是你已经注册了证券交易软件），点击"国债逆回购"，之后点击"产品中心"，选择自己所需品种的选项，如图4-2所示。

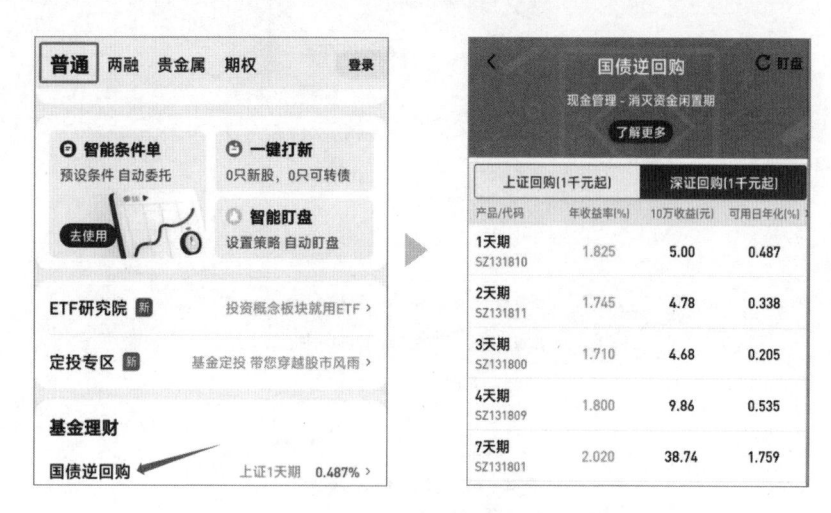

图4-2 选择国债逆回购

第2步：在产品详情页中点击"一键借出"（因为是借钱出去），然后填写借出金额，再点击"借出"，如图4-3所示。

图4-3 买进国债借出钱

第3步：在弹出的"委托提示"页面中点击"确定"（可以看到手续费预计为

0.1元），如图4-4所示。

图4-4 确定提交委托

补充：购买国债逆回购有一个小窍门，就是在月末、季末、年末、节假日前夕购买，主要是由于此时市场的资金需求增加，国债逆回购收益率通常会较高。

4.2 货币基金的高级投资技巧

货币基金以高安全性和高流动性为特点。如果觉得投资常规的货币基金收益较低，可以尝试用场内货币基金的价差进行交易，此方式不仅安全性高，还被行内人士称为"闲散资金的消灭者"。

4.2.1 场外货币基金和场内货币基金

货币基金分两大类：即场外货币基金和场内货币基金。前者是指在交易所内挂牌交易的货币基金。后者是指通过上海证券交易所和深圳证券交易所以外的渠道进行申购、赎回的货币基金，比如支付宝、天天基金、银行等代销机构交易或是基金公司App的系统交易。

以上两类货币基金在操作方法、起止时间和操作时间及是否有价差交易机会上存在明显的差异,具体内容见表4-2。

表4-2 场内货币基金与场外货币基金的区别

	场内货币基金	场外货币基金
参与方式	买卖(交易)、申赎	申赎
收益计算时间点	买入当天就计算收益,卖出当天没有收益	申购当天没有收益,赎回当天有收益
操作时间	交易日	随时,交易日才开始计息
差价交易机会	有差价交易机会	没有差价交易机会
优势	T+0,资金当天就可以进行股票交易,T+1日提现到银行卡账户	支持快赎,但是快赎当天不会有收益
缺点	可能出现亏损(生意)	流动性稍微差一点儿

有人会问,货币基金进行价差交易一定要炒股吗?答案是:不一定。虽然需要开设一个股票账户(证券账户),但可以通过这个账户利用货币基金(或是其他品种)在场内场外的差价进行低买高卖。当基金到达股票账户后,第二天再提现到银行卡账户就可以了,然后继续用这笔资金进行银行理财或是基金投资,实现无缝衔接,让资金最大化为自己赚钱。比如在银行结构性存款和封闭理财的募集期,一般为7~10天,这期间就可以买入场内货币基金赚取收益或是进行价差交易,在募集期结束前最后一天将资金提现到银行卡账户中,让资金按计划继续赚钱,确保资金不闲置。

4.2.2 纯申赎型和交易型场内货币基金

场内货币基金分为两大类:即纯申赎型场内货币基金和交易型场内货币基金。

1. 纯申赎型场内货币基金

它的全称是T+0纯申赎型场内货币基金。这种基金的特点是投资者只能通过申购的方式获取基金份额,且只能通过赎回的方式将自己持有的基金份额兑换成现金，而不是通过实时价格进行买卖的方式。简单来说就是：申购的是基金份额，赎回的也是基金份额，最后将你手里的基金份额卖出去换成现金。

目前场内T+0申赎型货币基金只有六只，基金代码都是以519开头，具体包括现金宝A（519898）、添富快线A（519888）、国保A（519878）、广发宝A（519858）、保证金A（519800）、嘉实宝A（519808），具体内容见表4-3。此外，这些基金也有对应的B类货币基金，但起投门槛较高，通常为200万元。

表4-3 六只纯申赎型场内货币基金

代码	简称	全称	计息规则
519898	现金宝A	大成现金宝货币A	算头不算尾（申购日计息、赎回日不计息）
519888	添富快线A	汇添富收益快线货币A	算头不算尾（申购日计息、赎回日不计息）
519878	国保A	国寿安保场内实时申赎货币A	算头不算尾（申购日计息、赎回日不计息）
519858	广发宝A	广发现金宝场内货币A	算头不算尾（申购日计息、赎回日不计息）
519800	保证金A	华夏保证金货币A	算头不算尾（申购日计息、赎回日不计息）
519808	嘉实宝A	嘉实保证金理财场内货币A	—

场内T+0申赎型货币基金的计息规则是"算头不算尾"，即从申购日开始计算利息，直至赎回日不计算利息。因此，如果你周五在股票账户或是证券账户中申购此类基金并开始计息，那么收益的天数是3天（周五+周六+周日），周一赎回基金份额（可用于股票交易），周二提现到银行账户。请注意：如果你通过余额宝等场外渠道进行申购，则会错过周五至周日的收益，仅能获得周二这一天的收益。这是因为余额宝属于场外基金，它实行的是T+1的交易规则，而周六、周日不属于交易日。

下面为大家展示App上申购场内货币基金"添富快线"的操作步骤。

第1步：打开并登录证券账户App，直接在搜索框中输入"场内"，在弹出的下拉选项中选择"场内申赎型货基"，如图4-5所示。

第2步：进入到"场内T+0申赎型货基"页面，选择"添富快线"，如图4-6所示。

第3步：进入基金的详情页面，点击"申"，进入"场内申赎"页面，输入购买的具体金额，如图4-7所示。

第4章 现金管理的高级投资技巧

图4-5 选择"场内申赎型货基"

图4-6 选择"添富快线"货基

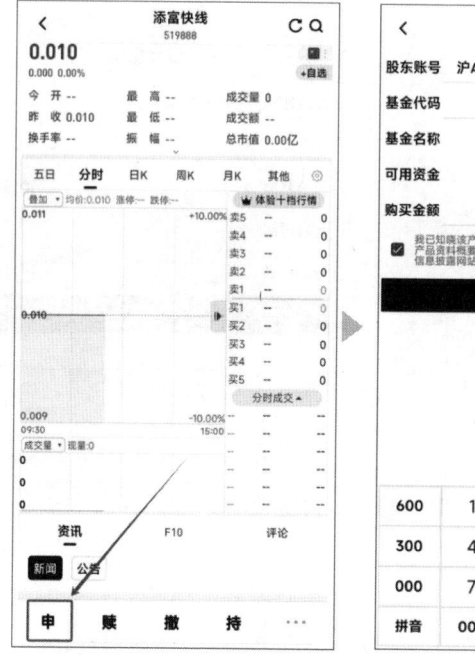

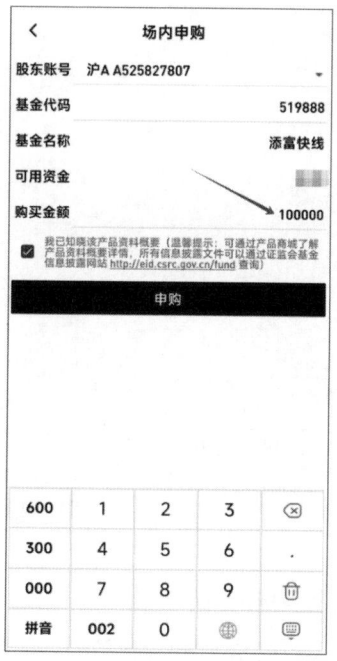

图4-7 申购场内基金并填写购买金额

第4步：进入"系统提示"页面，点击"确定"，提交委托，如图4-8所示。

补充：如果你要撤销委托单，将指令作废，也就是不买了（或是不卖了），只需要点击"撤"，如图4-9所示，然后选择要撤回的委托单选项即可。

111

图4-8 提交委托

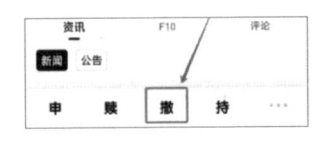

图4-9 撤单

如果你要赎回场内货币基金,只需要在基金的详情页中点击"赎",然后在"场内赎回"页面中填写赎回份额,点击"赎回",如图4-10所示,最后在弹出的委托确认页面中点击"确定"就行了。

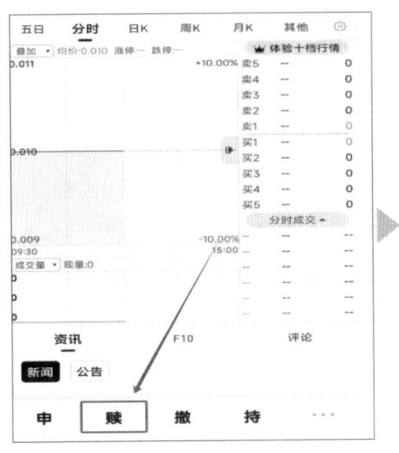

图4-10 赎回份额

2. 交易型场内货币基金

交易型场内货币基金除了可以在场内申购赎回外,还可以在场内进行T+0交易,即当天申购,当天就可以卖出,基本上可以实现买卖自由,这点相对于国债逆回购更加方便。接下来,笔者将会讲解如何利用这一点,使国债与货币基金进行联合交易。需要注意的是,参与场内货币基金有一定的条件和风险:条件是每次交易最少入1手(100份),每份价格为100元左右,即起投金额大约是1万元。风险是指价格波动，比如，7月18日华宝添益的价格在99.998元至100.002元进行波动，如果买入价高于卖出价，就会出现亏损（风险）。反之，则盈利。

比如，A以单价99元买入一手华宝添益，投入成本为9 900元（99×100），当天以单价100元/份的价格卖出，收入额为10 000元（100×100），盈利100元（10 000−9 900）。反之，如果以单价100元/份的价格买入，以单价99元/份的价格卖出，则亏损100元。

需要注意的是，买入持有货币基金本身是有收益的，但如果买入了货币基金并且当天并没有卖出，则会有一天的收益，如果当天卖出则没有收益。

尽管市场上存在众多场内交易型货币基金，但它们通常很好识别，因为这些基金的代码基本上都是以511和159开头，见表4-4。

表4-4 几只场内交易型货币基金

代　　码	场内交易型货币基金	代　　码	场内交易型货币基金
511660	建信添益	511850	财富宝E
511690	交易货币	511880	银华日利
511800	易货币	511990	华宝添益
511810	理财金H		

买入场内交易型货币基金的具体操作方法为：在证券交易App登录账号后，搜索"场内"，在弹出的下拉选项中选择"场内交易型货基"选项，进入到"场内T+0交易型货基"页面，然后选择某只货币基金，如图4-11所示。

图4-11 选择"场内交易型货基"

进入货币基金的详情页，如果你要买入交易型货币基金，点击"买"后，在下一个页面中，输入买入的仓位数量，然后点击"买入"即可，如图4-12所示。

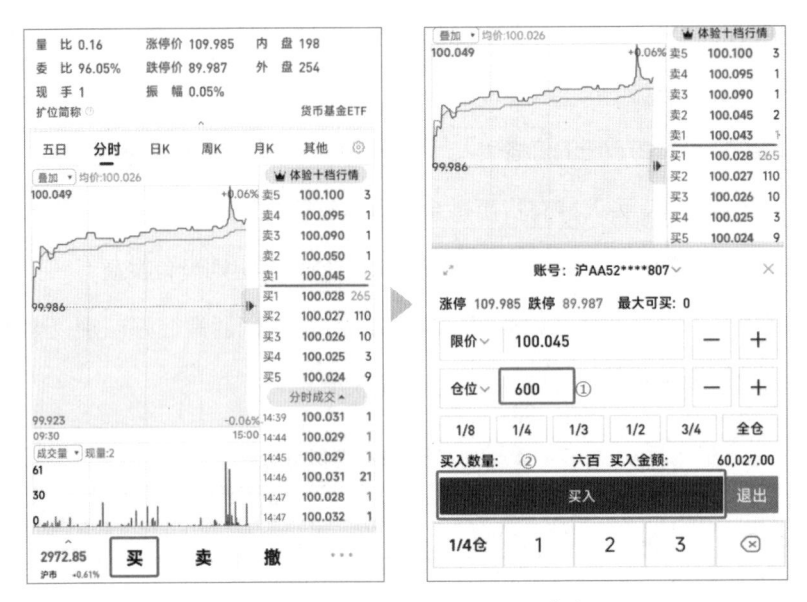

图4-12　买入场内交易型货币基金

进入货币基金买入确认页面中，点击"确认买入"，完成场内交易型货币基金的买入操作，如图4-13所示。

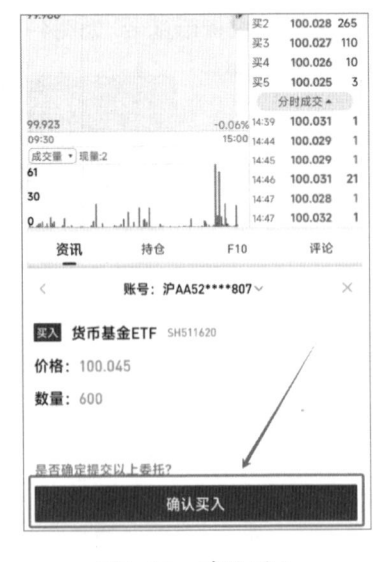

图4-13　确认买入

第 4 章 现金管理的高级投资技巧

如果要卖出场内交易型货币基金，只需在已经持有的交易型货币基金的详情页中点击"卖"，然后设置卖出的仓位数量，最后点击"卖出"按钮即可，如图4-14所示。

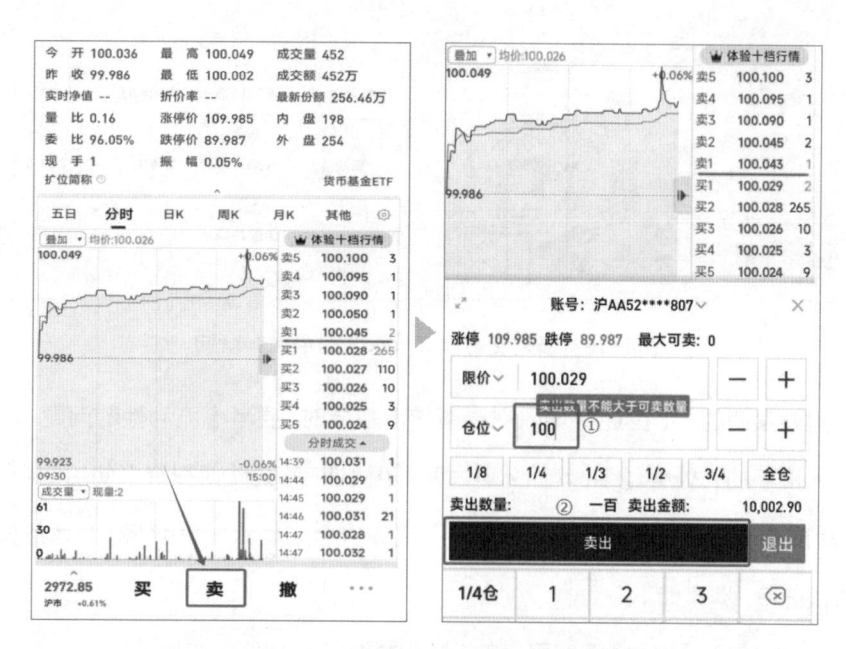

图4-14 卖出场内交易型货币基金

进入货币基金卖出确认页面中，点击"确认卖出"，即可完成场内交易型货币基金的卖出操作，如图4-15所示。

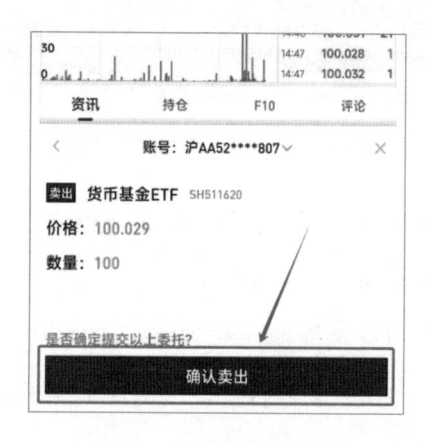

图4-15 确认卖出

补充：场内交易型货币基金的申购和赎回的操作位置与纯申赎型场内货币基金有些不同，需要先点击 ⋯ ，在弹出的面板中点击"申购"或"赎回"，然后按申购或赎回操作提示完成对应的操作，如图4-16所示。

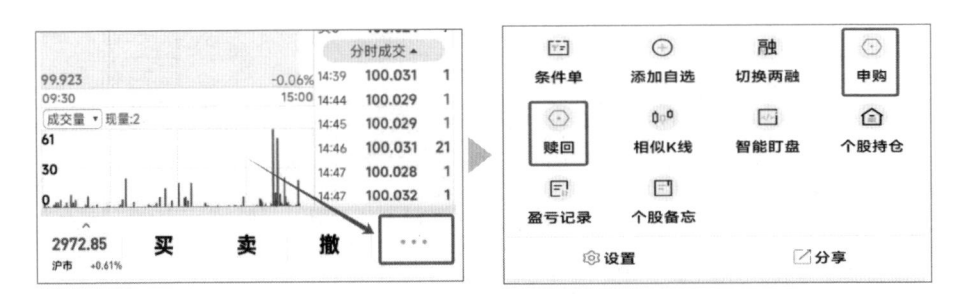

图4-16 场内交易型货币基金的申购和赎回

需要强调的是，在选择场内交易型货币基金时，要考虑流动性的问题。流动性越大接手的人就会越多，卖出才更方便、更快速，不会耽误投资者使用资金。为此，建议挑选资金规模较大的货币基金，比如资金规模大于20亿元。具体的操作方法很简单，步骤如下。

第1步：打开"集思录"官网，单击"实时数据"，如图4-17所示。

图4-17 打开"集思录"官网

第2步：单击"现金管理"，在"超过规模"文本框中输入资金规模，比如20亿元，按回车键确认并筛选，如图4-18所示。

第3步：系统自动将资金规模超过20亿元的场内交易型货币基金筛选出来并显示，如图4-19所示。之后就可以在其中挑选自己喜欢的标的进行购买。

第4章 现金管理的高级投资技巧

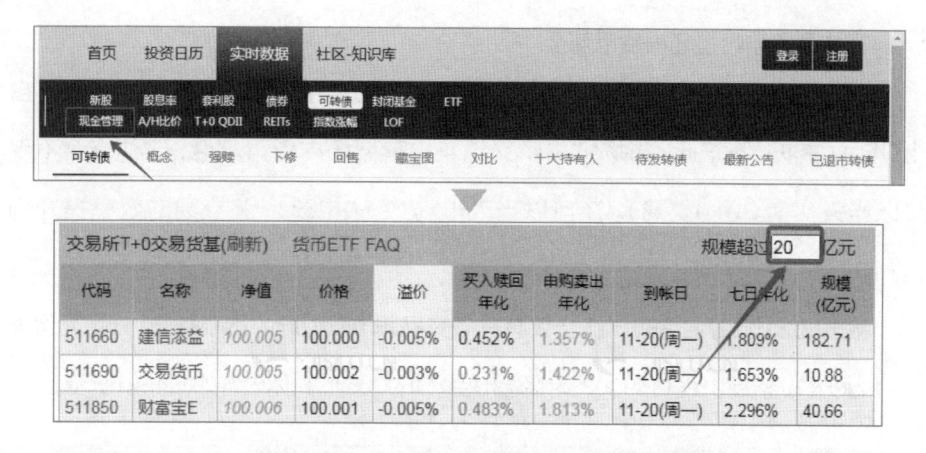

图4-18 设置货币基金的最少资金规模

图4-19 根据资金规模选出的标的

补充：如果想让筛选出的货币基金按照某种方式排列，比如升序（由低到高）或是降序（由高到低），只需在表头中单击对应的名称。比如，让货币基金按"申购卖出年化"降序排列，即年化利率由高到低排列，方法为：在"申购卖出年化"上单击，如图4-20所示。

图4-20 对"申购卖出年化"排序

117

3. 交易兼申赎型场内货币基金

有人会觉得纯申赎型或交易型场内货币基金都有一定的限制，感觉"不自由"且效率低。鉴于此，市场推出了交易兼申赎型场内货币基金，这种资金不仅可以当天买卖（T+0交易），还可以当天申赎（T+0申赎），将交易的效率提升到最高。

截至2023年11月16日，市场上仅有三只交易兼申赎型场内货币基金，分别为保证金（159001）、招商快线（159003）和添富快线（159005），具体内容如图4-21所示。

代码	名称	净值	价格	溢价	买入赎回年化	申购卖出年化
159001	保证金	100.004	100.002	-0.002%	-	-
159003	招商快线	100.004	100.001	-0.003%	-	-
159005	添富快钱	100.005	100.002	-0.003%	-	-

图4-21　保证金、招商快线和添富快线

交易兼申赎型场内货币基金的计息规则是算尾不算头，即T日申购或买入，T+1日享受收益；T日赎回或卖出，T日享受收益，T+1日不享受收益。它的交易规则分别是T日买入，T日可赎可卖，资金在当日可用，T+1日可取；T日申购，T日可卖可赎，资金在当日可用，T+1日可取。

具体的申赎、买卖的方法与纯申赎型场内货币基金的操作步骤基本相同，这里就不再赘述。

4.2.3　场内货币基金收益扩大

如果你只是简单地将资金投入到场内货币基金中并长期持有以享受年化利率，虽然这是一种现金管理的方法，但你没有完全利用场内交易型货币基金的灵活买卖和价格波动的"优点"将资金收益扩大化。所以，我建议你学习以下几种价差的技巧，让资金在场内、场外流动期间获取相对较高的收益，成为一个真正的"金融人"。

1. 卖出＞申购，溢价获利

除了纯申赎型场内货币基金外，具有交易性质的场内货币基金（包含交易兼申赎型场内货币基金）不仅可以在一级市场低价买入，高价卖出获取差价外，还可以把市场扩大到二级市场，也就是在一级市场以低于基准价格买入，在二级市场以高于基准价格卖出，随后当天便在一级市场申购。这里需要注意的是，这种操作的差价必须高于当天的基金收益，否则将得不偿失。

比如，一级市场中某只场内交易型货币基金A的申购价格为100元/份（净值也是100元），而二级市场的价格是100.01元/份，此时，你就可以在二级市场中以100.01元/份的价格卖出A，然后在一级市场中申购A，则每份赚取的差价为0.01元，100份的差价为1元，第二日继续享受A基金的收益。

2. 赎回＞买入，折价获利

当交易型货币基金在二级市场价格低于净值100元时，你当天买入并在一级市场中进行赎回，则可以获取双份收益，即一是差价收益，二是万份收益。

比如，张三于2023年11月21日在二级市场中以99.964元的价格买入10 000份A货币基金（场内交易型货币基金），然后在一级市场中以100元的价格赎回，单份的差价为0.036元。当天A货币基金的每万份收益为0.52元。则张三获利360.52元（10 000×0.036+0.52）。

有人会问，在两个市场之间赚取价差的收益，其年化利率是多少？以此可以判断自己的资金是否少赚了，即价差的年化利率低于其他理财产品或是基金的年化利率。

很多投资者会用公式进行手动计算，其实不必如此费时费力；投资者可以直接在集思录的现金管理板块中查看"买入赎回年化"和"申购卖出年化"的数据（操作方法为：打开"集思录"网站，单击"实时数据"→"现金管理"），如图4-22所示。

3. 国债逆回购与场内货币基金联合扩大收益

交易型场内货币基金在申赎和买入的计息规则分为算尾不算头和算头不算尾，以及资金可以当天进行债券交易。因此，我们可以利用这些特点来扩大场内货币基金的交易收益。核心逻辑很简单，就是将头尾的收益衔接，不出现空档，同时，叠加一天的国债逆回购，即一周七天都有收益，另加国债逆回购的收益，通常情况下，周四进行一天期的国债逆回购可能会享受到三天的利息收益（相当于无形中增加了收益）。

代码	名称	净值	价格	溢价	买入赎回年化	申购卖出年化	到账日	七日年化	规模（亿元）
511660	建信添益	100.015	100.008	-0.007%	0.632%	1.184%	11-21(周二)	1.816%	180.71
511690	交易货币	100.014	100.007	-0.007%	0.602%	1.052%	11-21(周二)	1.654%	10.88
511850	财富宝E	100.019	100.009	-0.010%	0.882%	1.389%	11-21(周二)	2.271%	40.76
511880	银华日利	101.641	101.649	0.008%	-0.761%	2.419%	11-21(周二)	1.645%	1017.26
511990	华宝添益	100.013	100.011	-0.002%	0.192%	1.402%	11-21(周二)	1.595%	984.37
159001	保证金	100.004	100.001	-0.003%				1.500%	17.74

图4-22　直接查看价差的年化收益率

具体操作策略为周五申购算头不算尾的货币基金，保证周五、周六、周日三天都有收益，周一赎回货币基金并买入另一只货币基金，周四卖出，保证周一、周二、周三、周四都有基金收益，同时，周四买入一天期的国债逆回购，周五资金回到股票账户再申购算头不算尾的货币基金，依次循环。

比如，周五申购广发宝，周一赎回广发宝，并买入华宝添益，周四卖出华宝添益并买入一天期的国债逆回购，周五资金到回股票账户（证券账户）再次申购广发宝，形成闭环，具体内容见表4-5。

表4-5　国债逆回购和货币基金组合

周五	周六	周日	周一	周二	周三	周四
申购广发宝	不操作	不操作	赎回广发宝 + 买入华宝添益	不操作	不操作	卖出华宝添益 + 国债逆回购

当然，在实际操作中，应优先选择收益最高、流动性最好的货币基金进行买入操作。同样，申购的货币基金收益也是最高的，以最大化扩大收益。如果你有时间和精力，也可以将价差策略融入组合中，从而获得更高的收益。此外，场内货币基金的投资仍然属于现金管理，因此，一旦出现其他高收益的投资机会，你可以跳出货币基金的循环，腾出资金抓住这些高收益机会。

第5章

固定收益类理财产品

5.1 固定收益类理财

随着银行存款利率的下调，收益相对稳定的固定收益类产品越来越受到投资者的青睐。截至2023年6月末，固定收益类产品存续规模达到24.11万亿元，占全部理财产品存续总规模的95.15%，较2022年同期增长1.32个百分点。且固定收益类理财产品的收益年化率普遍高于银行存款利率和现金管理类理财产品的收益率，尤其是固收+类理财产品的表现更为突出。

在银行存款利率持续下降的趋势下，对于那些希望获得较高的投资收益，又不想承担过大风险的投资者来说，可以选择风险等级在2至3级的固定收益类理财产品。

同时，固定收益类理财产品按投资标的不同，可分为两大类：即纯债的固定收益类理财产品和非纯债的固收+类理财产品。投资者可以根据自己的风险承受能力进行选择。

5.1.1 固定收益理财产品的投资标的

银行固定收益理财产品是一种以固定收益资产为主要投资对象的产品，也被称为纯债型固收理财，发行对象通常为银行、理财子公司、证券公司、保险公司和互联网金融平台等，目的是在较低风险水平下，为投资者提供相对稳定的收益。因此，它具有收益相对稳定、波动较小、流动性较好的特点。

然而，由于利率、市场波动、政策调整和汇率变动等多重风险的存在，使它的风险等级被评定为2至3级，明显区别于风险等级为1级的保本理财产品，这也是固收类理财产品不包含现金管理类理财产品的直接原因之一。同时，由于它的投资标的只能是标准化债券，比如银行存款、大额存单、国债、地方债、央行票据等,这也使得它与新出现的混合估值法的理财产品形成明显区别,后者不仅可以投资标准化的债券资产,还可以投资非标准化的债券资产,且在估值法上结合了摊余成本法和市值法。关于这种混合估值法的是体应用和影响,我将在7.3详细讲解。

补充:标准化债权资产和非标准化债券(非标)是什么?

标准化债券资产是指依法发行的债券、资产支持证券等固定收益证券,主要包括国债、中央银行票据、地方政府债券、政府支持机构债券、金融债券、非金融企业债务融资工具、公司债券、企业债券、国际机构债券、同业存单、信贷资产支持证券、资产支持票据、证券交易所挂牌交易的资产支持证券,以及固定收益类公开募集证券投资基金等。

非标准化债券资产是指没有在正规市场上交易的债权性资产,主要包括:信贷资产、信托贷款、委托债权和承兑汇票等资产。

怎样才能选择一款符合自己心意且能较好规避风险的固收类理财产品呢?这就需要从客观和主观两个方面打好基础。其中,客观是指你要弄清楚固收类理财产品赚的钱是从哪里赚来的,以及有什么风险。主观是指你怎么选择固收类理财产品,包括收益上的高低比较,以及把带有隐性或是较大风险的固收类理财产品排除掉。

1. 收益来源

固定收益类理财产品的收益来源主要有两部分:即票息收入和资本利得。

票息收入是指在没有发生任何信用风险的前提下,比如企业经营恶化导致不能按期还款,理财产品管理人持有债券不能获得固定收益。因此,利率的高低、时间的长短和发行者的信用度等会直接影响实际收益率的高低。

资本利得是指产品管理人在二级市场上买卖债券,获取波动的价差收益。这种收益是由于债券价格波动产生的,其大小随市场条件的变化而变化,有时可能较高,有时则较低。

2. 风险来源

它主要包括政策风险、信用风险、利率风险和流动性风险。下面分别进行介绍。

(1) 政策风险

它是因货币政策、财政政策、行业政策或是地区发展政策等发生变化，导致市场价格波动而产生的风险。比如，2020年1月1日，央行决定自1月6日起全面下调金融机构存款准备金率0.5个百分点，释放长期资金约8 000亿元，降低银行资金成本约150亿元。这一政策直接导致银行固收类理财产品的收益率下跌到4%以下。

(2) 信用风险

除了国债、央行票据、金融债和有担保的企业债等固定收益证券外，其他的债务人都可能因为经营不善、资产不能抵债等情况，出现实际违约。这可能导致理财产品的收益率下滑，甚至出现亏损。同时，发行方也可能出现违约，导致理财产品亏损，比如2020年鹏华聚鑫系列虽然都属于固定收益类产品，但由于鹏华聚鑫资管计划全线违约，导致投资者遭受损失。

(3) 利率风险

在物价剧烈上涨的时候，为了稳定物价，货币管理当局会进行加息，可能是一次也可能是多次，这会导致固定收益类证券产品的价格下降。应对的措施就是留意近期内的物价是否有较大波动。如果上涨过快，国家则可能提高银行存款利率。此时，你暂时不要购买固定收益类理财产品，可持币观望。

(4) 流动性风险

固定类理财产品通常是封闭运作或是半封闭运作，这也就意味着有最短的封闭期，你投资的钱必须在指定日期后才能赎回，可能会出现流动性风险。所以，你在投资前一定要做好资金规划，把暂时不用的闲钱用于购买固定类理财产品。

3. 怎么选

选择一款或多款固收类理财产品时，主要的思路是：在发行机构安全的基础上选择收益相对较高的对象，以下是具体的操作步骤和方法。

(1) 准确选择固收类理财产品

其方法主要有两个：一是选择名称中带有"固收"字样的理财产品，比如嘉鑫固收类最低持有7天、睿鑫固收类最低持有21天产品等；二是如果无法从名称中直接获悉该产品是否为固收类理财产品，比如某财京穗宝4号理财计划1535，可以在说明书中查看是否有明确说明是固定收益类理财产品，如果有，则可以确定该产品属于固定收益类产品，如图5-1所示。

> 本产品为固定收益类理财产品。本产品内部风险评级级别为 R2 较低风险，适用于谨慎型、稳健型、进取型和激进型个人投资者和机构投资者。该产品通过代理销售机构渠道销售的，理财产品评级应当以代理销售机构最终披露的评级结果为准。示例：若投资者购买本产品，购买本金为10万元，最不利情况下，本产品基础资产无法回收任何本金和收益，投资者将损失全部本金10万元。

图5-1　产品说明书中查看产品是否为固定收益类理财产品

与此同时，还要查看投资比例是不是100%投资于债券，如图5-2所示，其主要目的是与固收+理财产品形成区别，避免混淆。

> 本理财计划主要投资于符合监管要求的各类资产：
> 固定收益类资产：包括但不限于各类债券、存款、货币市场金融工具、债券基金、质押式及买断式回购、非标准化债权类资产，其他符合监管要求的固定收益类资产及资产管理产品。
> （二）投资比例
> 本理财计划各投资资产占总资产的配置比例如下：

投资资产		配置比例
大类资产类型	固定收益类资产	100%
特殊资产类型	非标准化债权类资产	0%-50%

图5-2　查看债券投资比例是否为100%

（2）识别发行机构是谁

在理财市场中你会看到很多带有"代销"字样的固定收益类理财产品，为了杜绝发行机构违约导致的信用风险，需要"挖出"背后的发行机构，如果该产品的发行主体不是银行，而是保险公司或是基金公司，则不是银行理财产品，此时需要谨慎。

这里以中国银行股份有限公司代销的"汇华理财-汇理封闭式固定收益类理财产品2023年051期"为例，具体操作步骤如下。

第1步：打开"中国理财网"，单击"理财产品"菜单按钮，进入到理财产品查询页面，如图5-3所示。

图5-3　进入到理财产品查询页面

第2步：在"产品名称"文本框中输入要查询的固定收益类理财产品名称，这里输入"汇华理财-汇理封闭式固定收益类理财产品2023年051期"，然后单击"查询"按钮，如图5-4所示。

图5-4　输入要查询的理财产品名称

第3步：程序自动将理财产品的发行机构找到并显示为"汇华理财有限公司"，如图5-5所示。这说明"汇华理财-汇理封闭式固定收益类理财产品2023年051期"不是银行理财产品，只是一款公募理财产品。

图5-5　查询到理财产品的发行机构

补充：如果有人私下为你推荐的固定收益类理财产品在"中国理财网"中查不到，则有可能是一只过期或是不存在的产品，则需要谨慎，特别典型的案例是2017年民生银行某支行行长售卖虚假理财产品，导致150名投资者被套，涉案金额高达30亿元。

（3）选择高收益的固定收益类理财产品

在选择固定收益类理财产品时，收益率是一个重要的考量因素。通常情况下，证券公司和保险公司发行的固定收益类理财产品的业绩比较标准会高一些,比如方正证券发行的金添利c874号固定收益类型理财产品,业绩比较标准为4.10%,而大多数银行发行的相似固定收益类理财产品的业绩比较标准普遍在3%至3.5%。在风险、封闭期和起投金额都差不多的情况下,可以优先考虑收益高一点儿的平台买入。

5.1.2 纯债基金的投资标的

如果债券型基金的持仓结构全部为债券,也就是只投资债券的基金,则被称为纯债基金。因此,它具有风险低(仅次于货币基金)、波动小的特点,也被称为固收基金。当然,由于其较低的风险特性,它的收益肯定也会相对较低,毕竟风险与收益是成正比的。

1. 赚的钱来自哪里

固定收益理财产品的收益主要来自票息和资本利得,而纯债基金的收益会广一些,主要来自三个方面:即利息、价差和利率波动。

(1)利息

它主要是银行或是投资机构将投资者的钱买入企业债、政府债所获得的利息。

(2)价差

低买高卖就会出现价差,也就是基金经理在市场以足够低的价格买入未来可能或是其他市场中可能会涨价的债券基金,然后以高价卖出,从而获取价差。当然,价差是否能实现及价差的大小,都需要基金经理的投研能力作为支撑。

(3)利率波动

债券价格会随着市场利率的波动而波动,在一定程度上它们成反比关系,计算公式如下:

$$债券价格 = \frac{面值 \times (1+票面利率 \times 期限)}{1+市场利率 \times 期限}$$

需要说明的是,对于期限较长的债券,其价格对市场利率的变化更为敏感。它的价格会随市场利率的高低,按相反方向涨落。

因此，可以用最简单的逻辑来理解：当利率上涨时，投资者更倾向于卖出债券以获取现金，导致债券市场的现金流变小，推动债券价格下降；反之，当利率下降时，投资者更倾向于买入债券，使债券市场的现金流变大，从而推动债券价格上升。

产品管理人在证券价格上升和下降的波动中，通过提前布局或是低价买入高价卖出的方式获得价差从而获利。

补充：债券价格与十年期国债收益率存在反比关系。当十年期国债收益率上升时，债券价格会下跌；反之，当十年期国债收益率下降时，债券价格会上涨。逻辑很简单，如果十年期国债收益率下降，新发债券利率会更低，而旧债的债券利率相对较高，因此，旧债会变得更加抢手，导致债券基金管理人持有大量的旧债，促使债券的市场价格上涨。相反，如果十年期国债收益率上升，新发债券利率更高，旧债利率相对较低，买家肯定会买新债，而不会买旧债，因此，旧债需要折价卖出，从而促使债券的市场价格下降。同时，由于债券基金管理人持有大量的旧债，也会造成债券基金的价格下跌。

2. 风险来自哪里

纯债基金的风险主要来自三方面：即利率风险、违约风险和评级下降风险。

（1）利率风险

当市场利率上升时，债券价格通常会下降，从而导致基金净值下跌。

（2）违约风险

纯债基金的投资对象主要是国债、金融债、企业（公司）债等。其中，国债有国家信用和税收做背书，风险最低；金融债一般由银行发布，风险也相对较小。相比之下，企业（公司）债的风险最大，如果企业到期无法还本付息，就会发生违约事件。

比如，民生加银添鑫纯债主要投资于地产行业的信用债，包括时代控股、融创、中国奥园、宝龙地产及万达等。当地产行业不景气时，基金净值从2011年11月1日大跌3.26%开始，到11月16日累计跌幅达19.03%，直到2012年2月清仓为止，总跌幅为23%。最终，该基金于2022年2月18日退市，如图5-6所示。

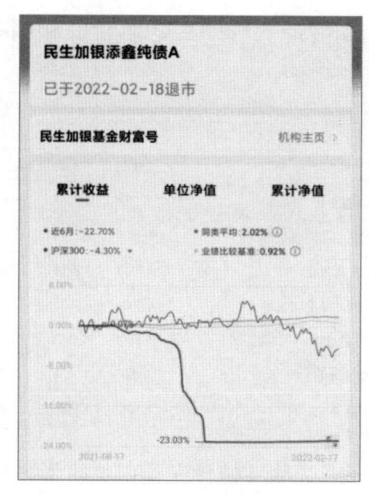

图5-6 纯债基金

（3）评级下降风险

一旦债券的信用评级被下调，通常会面临抛售，持有该债券的基金价格自然会随之下跌，相反，如果债券的信用评级被上调，资产变得更加优质，大概率会吸引更多买家，持有该债券的基金价格自然会跟随上涨。

3. 怎么选

选择纯债基金时，不仅要对比预期收益率或业绩比较标准（收益），还需要重视风险规避。对普通投资者来说，我们无法控制利率波动和评级调整，只能从信用风险上入手。方法很简单：通过查看纯债基金的名称和持仓结构来判断其风险水平。具体步骤如下。

第1步：找到"债券型"基金板块（集中地），如图5-7所示。

图5-7 债券型基金板块

第2步：看基金名称，去除掉名称中包含可转债和增强型债券基金，如图5-8所示。

33	002765	新华双利债券A 估值图 基金吧	1.2640	1.2640	1.2570	1.2570	0.0070	0.56%
34	002766	新华双利债券C 估值图 基金吧	1.2260	1.2260	1.2193	1.2193	0.0067	0.55%
35	010899	上银慧恒收益增强债券A 估值图 基金吧	0.7961	0.7961	0.7919	0.7919	0.0042	0.53%
36	005793	华富可转债债券 估值图 基金吧	1.2710	1.2710	1.2644	1.2644	0.0066	0.52%
37	014116	上银慧恒收益增强债券C 估值图 基金吧	0.7924	0.7924	0.7883	0.7883	0.0041	0.52%
38	005717	兴业机遇债券A 估值图 基金吧	1.3385	1.4085	1.3317	1.4017	0.0068	0.51%
39	003680	华润元大双鑫债券A 估值图 基金吧	1.1882	1.1882	1.1822	1.1822	0.0060	0.51%
40	003723	华润元大双鑫债券C 估值图 基金吧	1.1647	1.1647	1.1588	1.1588	0.0059	0.51%

图5-8　去除可转债和增强型的债券基金

第3步：再看看债券的持仓中是否有股票，没有股票持仓的则是纯债基金，如图5-9所示。

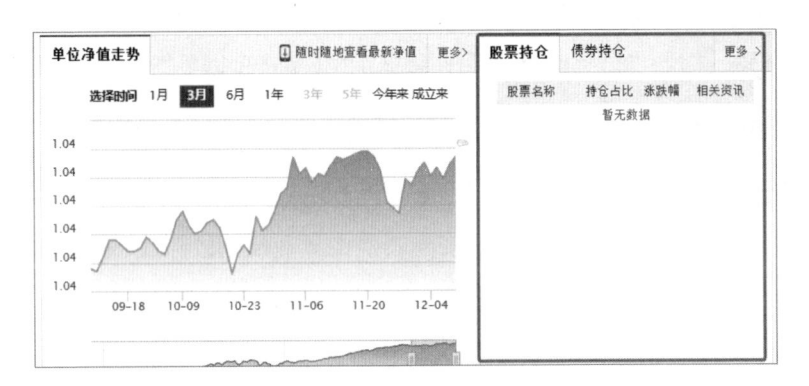

图5-9　查看股票持仓比例

第4步：看债券部分中国债、金融债、企业债和公司债的占比，帮助投资者判断债券基金的信用风险。通常情况下，企业债和公司债的持仓占比越高，债券基金的风险也越高，如图5-10所示，该基金是持有公司债相对较小的基金。如果基金名称里含有"信用债"字样，基金的持仓则是以企业债和公司债占据绝对主导的，风险和波动就会相对大很多。

补充：纯债基金如果按时间长短可以分为"长期纯债基金"和"中短期纯债基金"，如图5-11所示。简言之，长期纯债基金投资的债券一般期限较长，通常情况下为3至10年，风险和收益率也相对较高，适合作为长期理财的替代；而中短期纯债基金投资标的一般期限较短，通常情况下在三年以内，收益也相对较低，属于预期风险和收益均较低的品种。

序号	债券代码	债券名称	占净值比例	持仓市值（万元）
1	190208	19国开08	8.19%	5,218.90
2	200203	20国开03	6.42%	4,090.67
3	220401	22农发01	6.27%	3,991.12
4	102101350	21京住总集MTN001	4.85%	3,091.47
5	012280414	22江苏广电SCP001	4.73%	3,011.57

图5-10　查看基金持仓占比情况

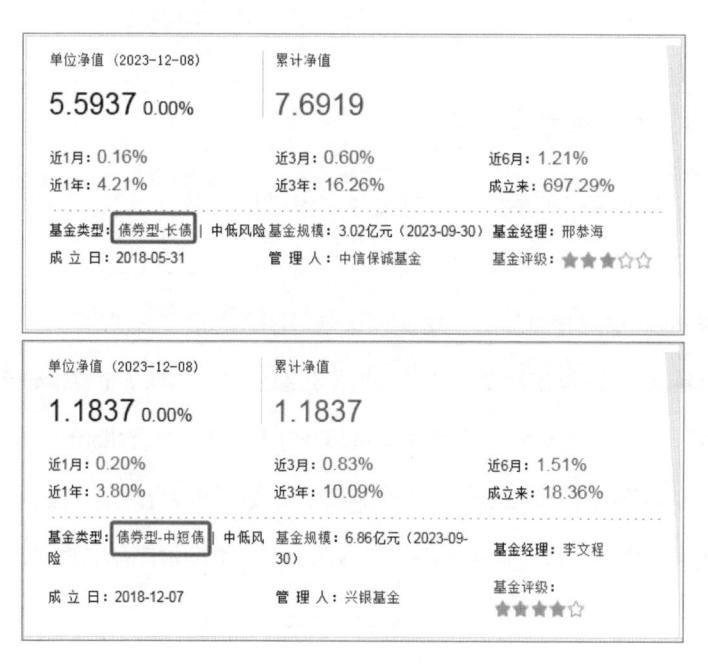

单位净值（2023-12-08）
5.5937 0.00%
累计净值
7.6919
近1月：0.16%　　近3月：0.60%　　近6月：1.21%
近1年：4.21%　　近3年：16.26%　　成立来：697.29%
基金类型：债券型-长债　中低风险　基金规模：3.02亿元（2023-09-30）　基金经理：邢恭海
成立日：2018-05-31　　管理人：中信保诚基金　　基金评级：★★★☆

单位净值（2023-12-08）
1.1837 0.00%
累计净值
1.1837
近1月：0.20%　　近3月：0.83%　　近6月：1.51%
近1年：3.80%　　近3年：10.09%　　成立来：18.36%
基金类型：债券型-中短债　中低风险　基金规模：6.86亿元（2023-09-30）　基金经理：李文程
成立日：2018-12-07　　管理人：兴银基金　　基金评级：★★★★☆

图5-11　长期和中短期的纯债基金

这里延伸出一个现实问题：怎么筛选长期纯债基金？根据我个人的投资经验，我总结为五步，具体步骤如下。

第1步：筛选出收益率连续三年排名为市场前50%的长期纯债基金。

第2步：筛选出可进行日常交易的长期纯债基金。

第3步：筛选出资金规模在5亿元以上的长期纯债基金。

第4步：筛选出过去三年中没有更换过基金经理的长期纯债基金。

第5步：筛选出申购费率较低的长期纯债基金。

5.2 固收+类理财

由于固收类理财产品的收益相对较低，毕竟其主要投资于债券，收益高低主要取决于票面利率和期限。如果想让投资收益更高一点儿，可以在固收的基础上，再"+"上权益类资产和策略，比如股票、可转债、期权等。

5.2.1 "+"的内容是什么

"固收+"理财产品是指以固定收益类资产提供基础收益，在控制波动的前提下，适度通过股票、打新、定增、可转债等资产增加组合收益弹性。

可以将其本质简单理解为"固收"和"+"的结合，其中固收部分占比80%，主要投资于债券，起到稳定收益的作用，"+"的部分占比20%，主要投资于股票、非标准化资产、转债、期权等，起到收益增厚的作用。因此，它的投资范围会扩大，变成混合资产，而不再是单纯的债券资产，同时，投资比例会分为两大部分，如图5-12所示，这也是我们辨别固定收益类理财产品和固收+类理财产品的直接依据。

图5-12 固收+理财产品投资资产的构成示意图

1. "+"的资产有什么

它主要包括五大类：股票、转债、公募REITs、衍生品和另类资产。

（1）股票：它是"固收+"产品弹性收益的重要来源，具有高风险高收益的特征，若适度配置可以有效增厚收益（需要依靠产品管理人的择股和择时的能力）。同时，由于股债具有跷跷板效应，即股市下行债市上涨，反之，股市上涨债市下行。因此，股票资产能与债券资产实现收益互补，从而平衡对冲理财产品的风险，这也是2023年很多理财产品屡屡跌破净值，而固收+类理财产品的收益较为稳定的原因。

（2）转债：除了股票类资产，转债是"固收+"用来增厚收益的常见选择之一，因为转债在股市上涨时，既可以转换为股票增厚收益，又可以在债券市场上涨时保持其债性特征以稳定收益，兼具"股性"和"债性"，同时，它能够在股市牛市中增厚业绩、股市熊市中较好控制回撤，真正做到"进可攻，退可守"。因此，转债是增厚固收+产品收益的优质资产。

（3）公募REITs：它的收益率介于股票和债券之间，具有高派息率和风险收益适中的特点，并与传统资产相关性较低，因此，在固收+资产中纳入公募REITs，不仅可以丰富配置工具，还能拓展风险收益的有效边界。更能在低利率的大背景下为投资者提供长期、稳定、风险收益适中的投资思路。

（4）衍生品：它主要是指国债期货和股指期货，比如中证500股指期货、沪深300股指期货、上证50股指期货、上证50ETF期权、沪深300ETF期权、2年期国债期货、5年期国债期货等，这些工具不仅能够对冲理财产品的风险并保护其收益，还能以较低的成本增厚收益。

（5）另类资产：它主要包括房地产、大宗商品、私募股权、风险投资、对冲基金等，这些资产通常具有风险较高、收益较高的特点。此外，由于它与债券资产的相关性低，因此，适当配置另类资产不仅可以有效增厚收益，还可以实现收益互补。

2. "+"的策略是什么

"+"资产后，产品管理人必须"+"策略，以更好地让新增资产发挥作用。

"固收+"的策略有很多（更多的投资策略在7.1.2中可以看到），但以定增策略、打新策略和高股息策略为主。

（1）定增策略：也被称为定向增发，是指上市公司为了收购资产、项目融资等，采用非公开方式，向不超过35人的特定对象发行股票融资的行为。发行价格由参与增发的投资者竞价决定，股票锁定期限为6个月。银行或是其他机构投资者通过一级市场认购增发股份，在股票上市、解禁后，通过二级市场减持退出的方式参与。通常情况下，非公开发行股票的价格相对二级市场价格会有一定的折扣，机构投资者通过一级市场认购增发股票可获得一定的折扣率，最终赚取股价的价差。因此，定增获得的收益主要与折价或价差收益有关。

（2）打新策略：在新股发行的初始阶段，新股通常会受到市场追捧和高估值的情况，导致其发行价格上涨，如果成功获得新股认购并在上市后卖出，投资者有可能获得较高的收益。因此，打新既可以提供短期内投资回报的机会，也可以获得较高的收益。

（3）高股息策略：它是指以股息率作为核心选股标准的策略，通常会选取现金流稳定、长期持续现金分红、分红比例较高的上市公司作为投资标的。此策略的目的是获取较为稳定的股息收益。

3. "+"的风险波动有多大

在对"固收"进行了"+"资产和策略的增强后，肯定会让固收的风险波动有所变化。为了判断风险波动加大了多少或是风险是否超出了自己的承受能力，可以通过查看风险资产比例去得到一个直观感受，即"+"的资产比例越低（5%至20%），其风险波动就越小。图5-13为"+"资产0~5%的比例数据，风险波动基本上可以被80%的债券资产的"稳定性"覆盖。

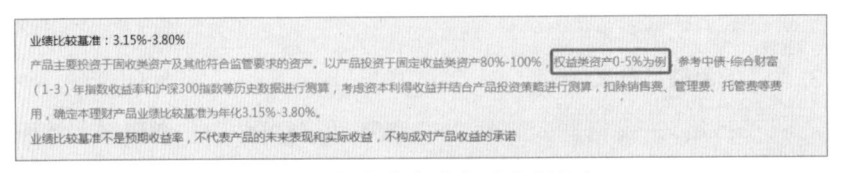

> 业绩比较基准：3.15%-3.80%
>
> 产品主要投资于固收类资产及其他符合监管要求的资产。以产品投于固定收益类资产80%-100%，权益类资产0-5%为准，参考中债-综合财富（1-3）年指数收益率和沪深300指数等历史数据进行测算，考虑资本利得收益并结合产品投资策略进行测算，扣除销售费、管理费、托管费等费用，确定本理财产品业绩比较基准为年化3.15%-3.80%。
>
> 业绩比较基准不是预期收益率，不代表产品的未来表现和实际收益，不构成对产品收益的承诺。

图5-13 "+"资产的准确比例数据

反之，如图5-14所示，只有范围数据，没有准确的数值，风险波动的大小完全取决于产品管理人的操作，因此，这类"固收+"类理财产品的风险等级肯定会高一些。

> （一）投资范围和投资比例
> 1. 固定收益类资产：包括现金、银行存款、同业存单、大额可转让存单、货币市场基金、债券回购、国债、金融债、中央银行票据、公司债券、企业债券、非公开定向债务融资工具、可转换债券、可交换债券、短期融资券、中期票据、超短期融资券、次级债、资产证券化产品、债券基金、债券借贷、证券公司收益凭证、非标准化债权类资产及其他符合监管要求的固定收益类资产。
> 2. 权益类资产：包括股票、股票基金及其他符合监管要求的权益类资产。
> 3. 商品及金融衍生品类资产：国债期货、股指期货、商品期货、股票期权、商品期权、场外期权、利率互换、收益互换、信用风险缓释凭证、信用保护凭证、商品及衍生品基金及其他符合监管要求的商品及衍生品类资产。
>
> 各类资产的投资比例为：固定收益类资产比例为80%-100%，其他资产比例为0%-20%。本产品投资不存在活跃交易市场，并且需要采用估值技术确定公允价值的资产可能超过本产品净资产的50%。

图5-14 "+"资产的模糊比例数据

5.2.2 "固收+"产品的优势

它除了具有固定收益类理财产品和纯债基金的投资门槛低、免增值税、手续费低（固定收益类理财产品免手续费、债券基金收取0.4%至0.8%的申赎费）外，"固收+"产品还包括以下几点优势：

一是风险相对较小、收益相对稳定且普遍高于一般存储。

二是"固收+"的投资周期相对较短、透明度高（可以清晰地看到资金的去向）。

三是投资灵活，可选的产品和细分种类较多。

四是通过"+"资产能增厚收益，且回撤幅度不大，通常情况下在10%以内。

五是实现股债市场的平衡布局，鉴于股市和债市较少出现同涨同跌的情况，这种情况有助于分散风险，达到既能积极进攻又能稳健防守的效果。

5.2.3 “固收+”产品怎么选

如果投资者只是单纯地选择“固收+”理财产品，其选择方法与“固收”理财产品的方法基本相同，若能在银行了解到该产品的历史实际收益率数据最好，可将其与业绩比较基准进行比较，看是否达到预期目标，以及两者之间的差距（差距越小越好）。对于一段时间内七日年化收益率和万份收益远高于业绩比较标准的“固收+”理财产品，可以不用优先考虑，因为后续它会直线下降直到回归正常水准。

如果投资者要挑选“固收+”的债券基金，则需要理解偏债基金和可转债基金。

1. 偏债基金

偏债基金是指大部分的资金依旧需要投资于债券市场，只有不超过20%的小部分资金参与股票投资。因此，这类股票在一定程度上会受到股市影响，其风险、波动和回撤会比纯债基金要大一点儿。不过，由于投资股票的比例不超过20%，占比不高，长期走势相对平稳，风险依旧远小于股票基金和混合型基金，适合稳中求进型的投资者，即投资者追求收益和风险相对稳定的同时，适当参与股市，取得超额回报。

（1）赚的钱来自哪里

由于偏债基金的80%持仓比例会投资于债券市场，因此，它的收益也像纯债基金一样来自票息、价差和利率波动。由于剩下的20%持仓比例可以投资于股票市场，因此，它的收益还包括股票交易的收益（这也是它与混合型基金的明显区别，混合型基金的相关知识，将会在第7章中进行讲解）。

某大安诚债券C前十持仓占比合计为10.21%，如图5-15所示。

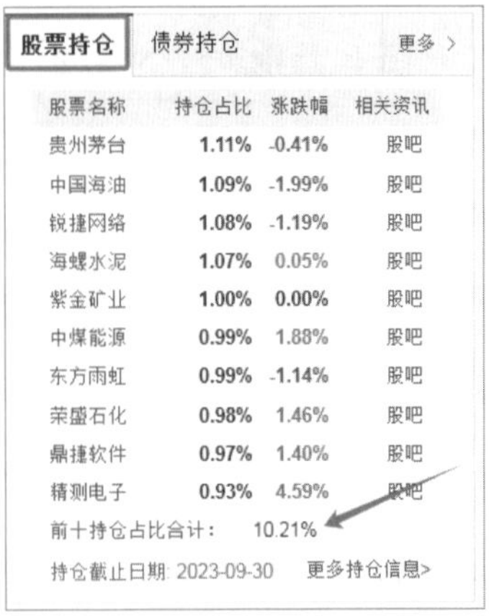

股票持仓 债券持仓 更多 >

股票名称	持仓占比	张跌幅	相关资讯
贵州茅台	1.11%	-0.41%	股吧
中国海油	1.09%	-1.99%	股吧
锐捷网络	1.08%	-1.19%	股吧
海螺水泥	1.07%	0.05%	股吧
紫金矿业	1.00%	0.00%	股吧
中煤能源	0.99%	1.88%	股吧
东方雨虹	0.99%	-1.14%	股吧
荣盛石化	0.98%	1.46%	股吧
鼎捷软件	0.97%	1.40%	股吧
精测电子	0.93%	4.59%	股吧

前十持仓占比合计： 10.21%

持仓截止日期: 2023-09-30 更多持仓信息>

图5-15 偏债基金的股票持仓比例

（2）风险来自哪里

偏债基金除了包含纯债基金的三项风险外，还包含股价波动的风险。而股价波动又会受到经济状况、上市公司经营情况、货币政策、财政政策等影响。当资金涌入股票市场的时候，股价上涨，偏债型基金就能获得高收益，甚至是超额收益。反之，当资金撤离股市的时候，股价下跌，偏债型基金的整体收益会受到影响，其表现可能还不如纯债基金的收益高。

（3）怎么选

选择偏债基金的逻辑很简单：一是找到偏债基金，二是根据你自己的风险承受能力，选择股票持仓的占比大小，即股票持仓占比大的，风险相应增大，反之，缩小。操作步骤如下。

第1步：在"债券型"基金板块中选择"混合债基"，筛选出所有的偏债基金（通常情况下基金名称会包含"增强"字样），如图5-16所示。但要手动排除名称中带有"转债"的基金。

基金代码	基金简称	2023-12-08 单位净值	2023-12-08 累计净值	2023-12-07 单位净值	2023-12-07 累计净值	日增长值	日增长率	申购状态
002965	中海合嘉增强收益债券A 估值图 基金吧	1.2691	1.2691	1.2536	1.2536	0.0155	1.24%	开放
002966	中海合嘉增强收益债券C 估值图 基金吧	1.2582	1.2582	1.2428	1.2428	0.0154	1.24%	开放
210014	金鹰元丰债券A 估值图 基金吧	1.4608	1.7882	1.4475	1.7719	0.0133	0.92%	开放
014336	金鹰元丰债券C 估值图 基金吧	1.4430	1.4430	1.4298	1.4298	0.0132	0.92%	开放
001045	华夏可转债增强债券A 估值图 基金吧	1.2643	1.2643	1.2543	1.2543	0.0100	0.80%	开放
012887	华夏可转债增强债券C 估值图 基金吧	1.2594	1.2594	1.2494	1.2494	0.0100	0.80%	开放
720002	财通可转债债券A 估值图 基金吧	0.8933	1.2372	0.8866	1.2300	0.0067	0.76%	开放

图5-16 找到偏债基金

第2步：选择心仪的几只偏债基金，除了对比收益和成本数据外，还要对比股票持仓比例，如图5-17所示。

补充：一级偏债基金和二级偏债基金的区别。

不管是一级偏债基金还是二级偏债基金都属于混合债券基金，如图5-18所示。它们除了都能投资债券外，还能投资其他有价证券，比如股票。它们的主要区别在于：一级偏债基金可以参与一级市场的新股投资，也就是打新市场（新股和新债）。同时，一级债基投资的债券可以是一级市场的新债，也可以是二级市场的债券。

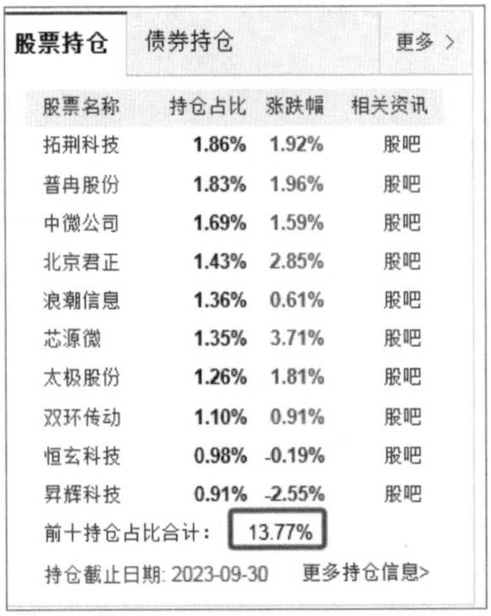
股票持仓 债券持仓 更多 >

股票名称	持仓占比	张跌幅	相关资讯
拓荆科技	1.86%	1.92%	股吧
普冉股份	1.83%	1.96%	股吧
中微公司	1.69%	1.59%	股吧
北京君正	1.43%	2.85%	股吧
浪潮信息	1.36%	0.61%	股吧
芯源微	1.35%	3.71%	股吧
太极股份	1.26%	1.81%	股吧
双环传动	1.10%	0.91%	股吧
恒玄科技	0.98%	-0.19%	股吧
昇辉科技	0.91%	-2.55%	股吧

前十持仓占比合计： 13.77%

持仓截止日期: 2023-09-30 更多持仓信息>

图5-17　对比股票的持仓比例

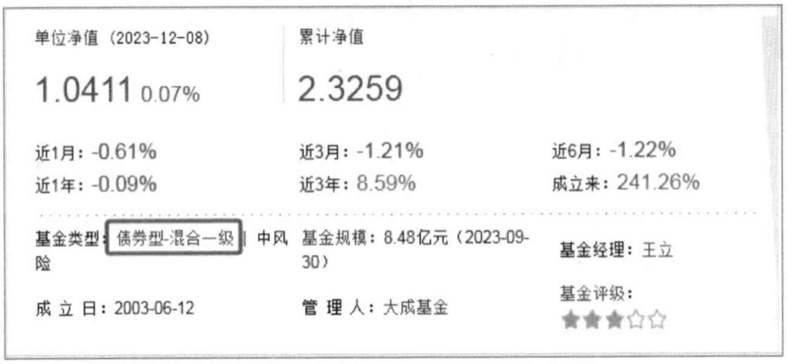

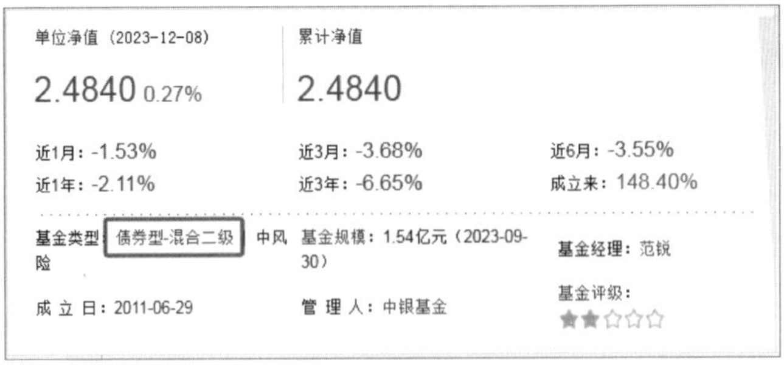

图5-18　一级和二级偏债基金

而二级偏债基金的投资范围，除了包含一级偏债基金的投资范围外，还包含二级市场的股票。这也就意味着,这二级偏债基金的投资范围比一级偏债基金的投资范围更广。

因此,可推断出一级偏债基金的风险、收益和波动都会小于二级偏债基金的风险、收益和波动。

2. 可转债基金

在常规的认知中,可转债往往被更多地视为股票的一种,但实际上,它也是债券的一种形式(像是一张借条),它既具有债券属性,同时持有人也可以按照发行时约定的价格,将债券转换成股票,因此,债券型基金也可以主要投资于可转债(持仓比例至少为40%,通常情况下为60%左右),如图5-19所示。这类基金也被称为可转换基金或是可转债债券基金。

序号	债券代码	债券名称	占净值比例	持仓市值(万元)
1	132018	G三峡EB1	8.98%	42,795.29
2	127018	本钢转债	4.24%	20,191.35
3	110061	川投转债	3.91%	18,652.44
4	113021	中信转债	3.87%	18,448.97
5	113067	燧2转债	3.20%	15,263.23
6	113056	重银转债	2.91%	13,881.35
7	127020	中金转债	2.70%	12,871.15
8	110075	南航转债	2.67%	12,730.19
9	127012	招路转债	2.66%	12,680.95
10	118024	冠宇转债	2.50%	11,928.81
11	127056	中特转债	2.44%	11,648.83
12	113615	金诚转债	2.34%	11,144.09
13	110062	烽火转债	2.30%	10,981.50
14	113061	拓普转债	2.19%	10,450.97
15	127032	苏行转债	2.13%	10,164.02

图5-19 主要投资可转债的债券型基金

延伸:什么是可转债?

可转债是指具有可转换性质的公司债券,允许在规定的期限内,按规定的转换价格将债券转换成发行企业的股票(基准股票),这也就意味着,持有可转债的投资人可以在转换期内将债券转换为股票,或者直接在市场上出售可转债以获利,也可以选择持有债券到期、收取本金和利息。可转债的基本要素包括基准股票、债券利率、债券期限、转换期限、转换价格、赎回和回售条款等。

(1) 可转债债券基金是什么

这类基金大多属于二级混合债券基金，其名字里大概率含有"可转债"或"转债"字样，比如华商转债精选债券、万家可转债债券、融通可转债债券，如图5-20所示。

基金名称	净值	日期	日增长率	近1周	近1月	近3月	近6月	近1年	近2年	近3年	成立来
中银转债增强债券A	2.6126	12-11	0.45%	0.33%	-0.96%	-3.57%	-3.52%	-1.51%	-19.36%	-4.05%	0.90%	161.26%
融通可转债债券A	1.2002	12-11	0.74%	-0.04%	-2.25%	-4.31%	-7.82%	-1.86%	-5.76%	22.44%	0.31%	29.07%
中银转债增强债券B	2.4949	12-11	0.44%	0.32%	-0.99%	-3.65%	-3.70%	-1.86%	-19.93%	-5.06%	0.56%	149.49%
万家可转债债券	1.1770	12-11	0.44%	0.40%	-0.83%	-2.49%	-1.32%	-1.86%	-5.34%	15.84%	2.08%	17.70%
华商可转债债券A	1.5074	12-11	0.10%	-0.03%	-0.51%	-0.40%	-1.31%	-2.00%	-8.95%	15.92%	-0.40%	50.74%
万家可转债债券C	1.1601	12-11	0.45%	0.40%	-0.86%	-2.58%	-1.51%	-2.25%	-6.09%	14.46%	1.70%	16.01%
融通可转债债券C	1.1578	12-11	0.74%	-0.05%	-2.28%	-4.40%	-8.00%	-2.26%	-6.51%	20.99%	-0.07%	24.56%
华商可转债债券C	1.4785	12-11	0.09%	-0.03%	-0.54%	-0.50%	-1.51%	-2.40%	-9.68%	14.54%	-0.78%	47.85%
天治可转债增强债券A	1.4540	12-11	0.28%	0.07%	-1.89%	-2.81%	-1.76%	-3.13%	-13.50%	0.00%	1.89%	45.40%
天治可转债增强债券C	1.3970	12-11	0.29%	0.07%	-1.90%	-2.85%	-1.90%	-3.46%	-14.24%	-1.27%	1.53%	39.70%
华安可转债债券A	1.7430	12-11	0.40%	-0.11%	-1.53%	-3.01%	-3.81%	-3.65%	-0.85%	19.30%	-0.29%	74.30%

图5-20 名称中含"可转债"和"转债"字样的债券基金

当然，也有一部分可转债债券基金的名称虽然为纯债，但是它主要投资的对象仍然为可转债，因此，需要看其业绩比较基准是否对标中证转债指数。比如平安双债添益债券C，基金类型是"债券型-长债"，但是它持仓可转债的比例在50%，业绩比较基准对标的是中证转债指数，如图5-21所示。

基金全称	平安双债添益债券型证券投资基金	基金简称	平安双债添益债券C
基金代码	005751（前端）	基金类型	债券型-长债
发行日期	2018年04月25日	成立日期/规模	2018年06月04日 / 2.523亿份
资产规模	2.34亿元（截止至：2023年09月30日）	份额规模	1.7732亿份（截止至：2023年09月30日）
基金管理人	平安基金	基金托管人	工商银行
基金经理人	曾小丽	成立来分红	每份累计0.01元（1次）
管理费率	0.80%（每年）	托管费率	0.20%（每年）
销售服务费率	0.40%（每年）	最高认购费率	0.00%（前端）
最高申购费率	0.00%（前端）	最高赎回费率	1.50%（前端）
业绩比较基准	中证可转换债券指数收益率×50%+中证综合债券指数收益率×50%	跟踪标的	该基金无跟踪标的

图5-21 业绩比较标准是否对标中证转债指数

它具有两大明显的优势：

一是可转换债券具有风险低而收益高的特性。因为它可以利用可转换债券的债券特性去规避系统性风险和个股风险，以追求投资组合的安全和稳定收益，并利用可转换债券内含的股票期权，在股市上涨中进一步提高基金的收益水平。

二是基金公司通过汇集小额资金统一投资于可转债市场，可以最大限度地降低信息收集成本、研究成本、交易成本等，从而获得规模效益，使得投资者可以分享转债市场的整体收益。

(2) 可转债债券基金的风险

它存在三大明显的风险：

一是债券具有的利率风险。

二是股价波动的风险。因为可转债内含转股期权，所以，发债企业股票的价格对可转债的价格有很大的影响。虽然可转债的价格与股价之间并不是完全具有正相关的关系，但是两者是紧密联系的。当股票价格大幅上涨、远离转换价格时，可转债价格也会随之上升。反之，如果股价大幅下滑，可转债的价格也会随之下跌。

三是目前国内的转债市场尚不成熟，品种数量不够丰富，加之流动性不足，给可转债债券基金的及时转换带来一定的影响。

补充：债券型基金的风险大小为：可转债债券基金>偏债基金>纯债基金。可转债基金的风险属于中高级水平，这也就意味着，投资者的风险承受能力至少为平衡型，才可以考虑购买。

(3) 可转债债券基金怎么选

选择对比可转债债券基金的目的是筛选出熊市抗跌，牛市赚钱的进取型资产，因此，需要查看它的成立时间、规模、手续费、回撤情况、评级、规模等，具体步骤如下。

第1步：打开基金网站，在"债券型"板块中选择"可转债"，将所有可转债债券基金筛选出来，如图5-22所示。

图5-22 选择可转债债券基金

第2步：分别对"近2年""近3年"的收益率进行由高到低的排序（分别在"近2年""近3年"名称上单击），筛选出收益率靠前的标的，如图5-23所示。同时，自动排除了成立时间不满3年的新基金（由于收益率不存在，自然会被系统排列在最靠后的位置，完全不会进入选择范围）。

单位净值	日期	日增长率	近1周	近1月	近3月	近6月	近1年	近2年	近3年	今年来	成立来	手续费
1.2900	12-11	0.47%	0.00%	-1.83%	-2.86%	-4.87%	-7.13%	-15.47%	32.44%	-3.30%	84.18%	0.80% 0.08%
1.2002	12-11	0.74%	-0.04%	-2.25%	-4.31%	-7.82%	-1.86%	-5.76%	22.44%	0.31%	29.07%	0.80% 0.08%
1.1578	12-11	0.74%	-0.05%	-2.28%	-4.40%	-8.00%	-2.26%	-6.51%	20.99%	-0.07%	24.56%	0.00%
1.7430	12-11	0.40%	-0.11%	-1.53%	-3.01%	-3.81%	-3.65%	-0.85%	19.30%	-0.29%	74.30%	0.80% 0.08%
1.6630	12-11	0.36%	-0.18%	-1.60%	-3.09%	-3.98%	-4.04%	-1.54%	18.03%	-0.66%	66.30%	0.00%
1.5074	12-11	0.10%	-0.03%	-0.51%	-0.40%	-1.31%	-2.00%	-8.95%	15.92%	-0.40%	50.74%	0.80% 0.08%
1.1770	12-11	0.44%	0.40%	-0.83%	-2.49%	-1.32%	-1.86%	-5.34%	15.84%	2.08%	17.70%	0.80% 0.08%

图5-23 筛选出"近2年""近3年"收益靠前的可转债债券基金

第3步：在收益率相差不大的情况下，优先选择手续费率较低的可转债债券基金，如图5-24所示。

日期	日增长率	近1周	近1月	近3月	近6月	近1年	近2年	近3年	今年来	成立来	手续费	起购金额
12-11	0.47%	0.00%	-1.83%	-2.86%	-4.87%	-7.13%	-15.47%	32.44%	-3.30%	84.18%	0.80% 0.08%	10元
12-11	0.74%	-0.04%	-2.25%	-4.31%	-7.82%	-1.86%	-5.76%	22.44%	0.31%	29.07%	0.80% 0.08%	10元
12-11	0.74%	-0.05%	-2.28%	-4.40%	-8.00%	-2.26%	-6.51%	20.99%	-0.07%	24.56%	0.00%	10元
12-11	0.40%	-0.11%	-1.53%	-3.01%	-3.81%	-3.65%	-0.85%	19.30%	-0.29%	74.30%	0.80% 0.08%	10元
12-11	0.36%	-0.18%	-1.60%	-3.09%	-3.98%	-4.04%	-1.54%	18.03%	-0.66%	66.30%	0.00%	10元
12-11	0.10%	-0.03%	-0.51%	-0.40%	-1.31%	-2.00%	-8.95%	15.92%	-0.40%	50.74%	0.80% 0.08%	10元
12-11	0.44%	0.40%	-0.83%	-2.49%	-1.32%	-1.86%	-5.34%	15.84%	2.08%	17.70%	0.80% 0.08%	10元
12-11	0.35%	0.13%	-1.59%	-2.48%	-4.64%	-7.63%	-15.37%	15.32%	-3.09%	50.10%	0.80% 0.08%	10元
12-11	0.42%	-0.14%	-1.69%	-3.72%	-6.45%	-6.87%	-18.48%	14.89%	-2.42%	46.76%	0.80% 0.08%	10元
12-11	0.09%	-0.03%	-0.54%	-0.50%	-1.51%	-2.40%	-9.68%	14.54%	-0.78%	47.85%	0.00%	10元
12-11	0.04%	0.00%	-0.49%	-1.04%	-0.56%	0.90%	-2.22%	14.52%	1.44%	12.96%	0.80% 0.08%	10元

图5-24 选择费率相对较低的可转债债券基金

第5章　固定收益类理财产品

第4步：查看基金规模，留下基金规模在3亿元以上的可转债债券基金（目的是保证流通性）。图5-25中的基金规模只有0.98亿元，属于排除的对象。

图5-25　查看基金规模是否大于3亿元

第5步：在剩下的可转债债券基金中对比基金评级，首先应该排除低于3星以下的基金，然后，优先选择评级较高的基金。图5-26为评级为5星的可转债基金。

图5-26　基金评级

第6步：在支付宝App上搜索剩下的可转债债券基金，对比最大回撤数据，如图5-27所示，选择最大回撤数据相对较小的基金。

第7步：在剩下的所选对象中优先选择没有更换过基金经理的可转债债券基金。

143

年均盈利天数	112天	盈利天数较低
	优于30%同类基金 >	

风险控制

最大回撤	7.96%	抗下跌能力弱
	优于10%同类基金 >	
波动率	10.29%	抗波动能力弱
	优于4%同类基金 >	

性价比类

图5-27 对比最大回撤数据

第6章

指数基金和养老理财

6.1 指数基金的必备知识

指数基金定投被广泛认为是较为"稳赚"的方式之一,这一点几乎没有人会反对,因为数据摆在大家眼前,不容否认。比如,表6-1中的几只指数基金,从成立到2023年9月,最高年化收益率为30.36%,最低年化收益率为9.13%,远高于同期银行存款定存、理财收益率。

表6-1 几只指数基金的年化收益率

指数基金	年化收益率(%)
上证50 ETF	21.43
沪深300 ETF	30.36
中证500 ETF	17.65
创业板 ETF	28.19
中证红利 ETF	13.03
中证军工 ETF	20.71
全指医药 ETF	26.50
中证传媒 ETF	9.13
基本面120 ETF	19.21
中证环保 ETF	10.37

不过,这种"稳赚"有一个必要前提,即你必须知道它是什么、它有哪些类型、它怎么去买等。否则,即使你有足够的资金和信心,也无济于事。

6.1.1 指数基金是什么

我们可以把指数基金简单理解为指数与基金的结合。因此,要了解指数基金是什么,就必须先了解指数是什么。它的全称是"股票价格指数",实质是由一篮子股票的价格按某种加权方式计算得出,用来描述股票市场整体价格的变化情况,即上涨或下跌,比如沪深300指数、上证综指和创业板指数等。如果这一篮子股票的价格整体上涨,则股票价格指数上涨;反之股票价格指数下跌。

由于这一篮子股票可能是由几十只到几百只不等数量的股票构成,因此,它有分散风险和平衡收益的作用，不像单只股票价格那样暴涨暴跌，从而达到降低风险提高收益的目的。

基于此，可以得出，指数基金是指以特定的指数为投资对象的基金，通过买入指数成分股的方式来实现对该指数收益表现的复制，可简单理解为跟踪和复制，类似于银行理财产品中的业绩比较基准，因此，指数基金的最高目标是与指数涨跌一致，当然，肯定会存在误差，而且需要靠基金经理的操作来尽量缩小误差值。比如，你购买了以沪深300指数为跟踪对象的指数基金，则相当于购买了沪深300指数，它涨了多少，你的收益就涨了多少。

需要补充的是，理论上，指数基金可以跟踪的对象有三类：分别是股票指数、商品指数（跟踪同质化可交易商品的价格走势，比如黄金ETF、石油LOF）、债券指数（跟踪债券指数的基金，反映债券市场价格总体走势的指数，比如中证短融50指数、亚债中国指数）。不过，在现实操作中，绝大多数指数基金都是跟踪股票指数，跟踪商品指数和债券指数的指数基金很少，且规模相对较小。

6.1.2 指数基金的特点

从指数基金的定义中我们可以提炼出这样几个关键点：跟踪复制、收益看得见、一篮子股票。因此，指数基金具有被动性、风险分散且低、高透明度和较高收益、成本低的特点。

1. 被动性

由于是跟踪某指数，并复制其成分股，不需要产品管理人具有太多的才能或是精力，更谈不上设计投资决策，完全是"指数动，我才动"的被动行为，因此，指数基金不会像主动型基金那样，需要基金经理或是管理人时刻对基金的表现进行"监控"，它只需要对指数进行追踪，因此，不用担心基金经理忽然改变投资策略或基金经理的更换。

2. 风险分散且低

它主要从三个方面实现：

一是指数基金广泛地分散投资，包含了不同行业、不同板块、不同风格的各种股票，少则几十只股票，多则几百只股票，任何单只股票的价格波动，甚至单只股票出现"踩雷"的情形，都不会影响指数基金的整体表现。

二是跟踪的指数通常都有很长的历史收益可以追踪，因此，在一定程度上指数基金的风险是可以预见的。

三是对普通投资者，也就是散户而言，要想在股票市场中获取较高收益，需要很高的技术水准，因此，可以用一点"懒"想法直接投资指数基金，风险不仅变小了，而且收益还不错，特别是像沪深300指数这种最具市场代表性的宽基指数，很容易获取市场平均收益率。加之股票市场与我们国家的发展基本同步，会不断向前、向好发展，投资规模类指数基金盈利只是时间问题。

补充：宽基指数和窄基指数。

宽基指数是指成分股覆盖面较广，具有相当代表性的指数基金，一般包含的行业种类较多，比如上证综指、沪深300指数、中证500指数、创业板指数等。因此，宽基指数的成分股数量往往较多，单只股票的权重偏低，投资目标更为广泛（选择范围广、标的多、海纳百川）。

窄基指数是指那些集中投资于特定策略类、风格类、行业类、主题类的相关指数，比如中证能源、中证红利、基本面50和300价值等。这类指数的成分股通常局限于某一行业或特定主题（选择范围小、标的相对较少），使得投资者能够针对感兴趣的领域进行投资。

3. 高透明度

它主要体现在两个方面：

一是收益透明，当指数基金跟踪的目标基准指数涨了或是跌了，能很直接地看出自己投资的指数型基金涨或是跌多少，特别是基准指数下跌了，不用去查净值,也能直接估算自己亏了多少。

二是指数基金的资产持仓情况公开透明,可以非常清晰且肯定地知道自己投资的指数基金的风险收益特征。

4. 较高收益

表6-2为2015—2022年基金与股票收益率的统计数据(数据来源于Wind),可以看出,指数基金的整体表现要好于同期的股票和基金收益。

表6-2　2015—2022年指数基金与主动型基金、股票收益率的统计数据

品　　类	达到平均收益人数占比	超额收益占比	盈利百分比	盈利百分比
指数基金	61.52%	8.79%	55.82%	34.07%
基金	23.75%	4.18%	17.14%	50.99%
股票	36.17%	4.50%	2.25%	6.65%

5. 成本低

指数基金由于其被动跟踪的特性,不需要基金经理或是管理人发挥才能和费脑筋设计投资策略,因此,根据多劳多得、少劳少得的原则,其手续费、管理费和销售费肯定会相对比较低,比如广发沪深300、天弘沪深300等基金的管理费,仅相当于市场上主动型投资的股票基金管理费的三分之二(年费率低至0.5%甚至更低),而销售费率更是在万分之一至万分之三且无须缴纳印花税。

6.1.3　指数基金有哪些分类

指数基金的类型有很多,图6-1为一些常见指数基金类型(其中部分分类与基金分类比较相似)。

(1)复制型指数基金:严格按照基准指数的样本和权重进行配置,即完全复制目标指数所包含的所有成分股,以最大限度地减小跟踪误差为目标,最终与跟踪指数的收益持平,比如中证800医药、医药100、恒生ETF跟踪指数、中证50、沪深300等,因此,你在选择这类基金时,跟踪误差越小越好,且优先选择规模稍微大一些的基金。

```
                                  ┌─ 复制型指数基金
                ┌─ 按复制方式分类 ─┤
                │                 └─ 增强型指数基金
                │
                │                 ┌─ 封闭式指数基金
                ├─ 按交易机制分类 ─┼─ 开放式指数基金
                │                 └─ 指数型ETF基金
                │
                │                 ┌─ 股票型指数基金
                │                 ├─ 债券型指数基金
指数基金的分类 ─┼─ 按资产配置分类 ─┤
                │                 ├─ 商品型指数基金
                │                 └─ 混合型指数基金
                │
                │                 ┌─ 国内指数基金
                ├─ 按市场分类 ────┤
                │                 └─ 海外指数基金
                │
                │                 ┌─ 大盘指数基金
                │                 ├─ 中盘指数基金
                └─ 按跟踪的指数类型分类 ┼─ 小盘指数基金
                                  ├─ 红利指数基金
                                  └─ 低波动指数基金
```

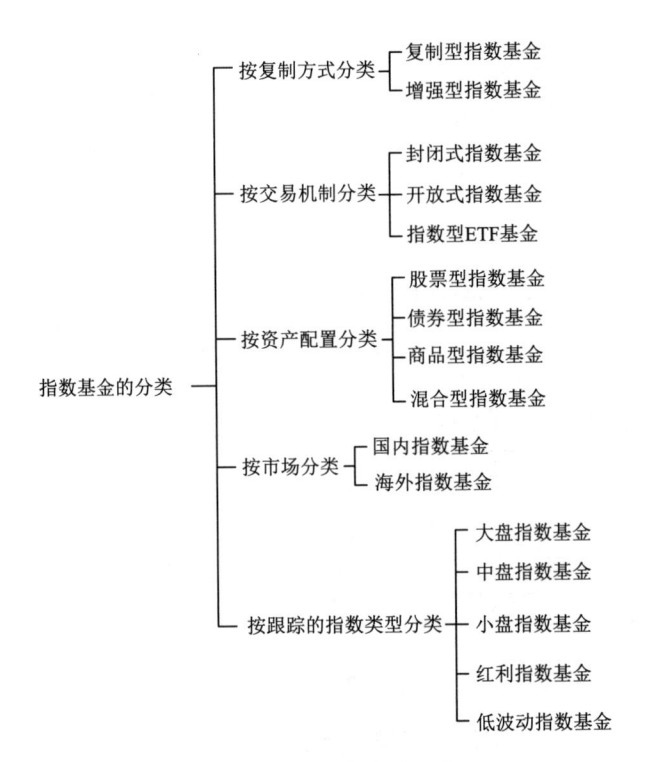

图6-1 指数基金的分类

（2）增强型指数基金：通常是指以某项指数为基础，比如沪深300、中证500等，在跟踪标的指数的前提下，基金经理通过增强策略挑选超越行业平均表现的成分股票，进而获取市场的双重收益，可以将其简单理解为"复制型指数基金+主动型基金"，它们的名称中常含"增强"二字，表6-3为几只增强型指数基金的年化收益率。

表6-3 增强型指数基金的年化收益率

增强型指数基金	年化收益率（%）
申万菱信沪深300指数增强A	13.48
泰达宏利沪深300指数增强A	13.12
易方达上证50增强A	12.85
富国中证500指数增强A	12.44
融通创业板指数增强AB	12.37
富国中证红利指数增强A	11.84
宝盈中证100指数增强A	11.63
兴全沪深300指数增强A	11.43
富国沪深300增强A	11.14
平安深证300指数增强	10.79

（3）封闭式指数基金：只能在二级市场交易，不能申购和赎回，这也就意味着，该类基金募集到预定资金规模后（规模不可变），在固定期限内就不会再接受新的资金申购，也不允许向基金公司申请赎回（明确存续期），投资者要想买卖该类基金，需要在二级市场进行交易。比如，华安中证环保产业指数证券投资基金、南方中证全指证券投资基金、易方达中小盘股票证券投资基金等。

（4）开放式指数基金：不能在二级市场交易，只能在一级市场进行申购和赎回，即基金募集到预定资金规模后，你仍然可以向基金公司申请申购和赎回。

（5）指数型ETF基金：它的全称是交易型开放式指数基金，既可以在二级市场交易，也可以在一级市场进行申购和赎回，买卖灵活。比如500ETF、科技ETF、光伏ETF、银行ETF等。

（6）股票型指数基金：持有的资产主要是股票，基金类型中会含有"股票"字样，如图6-2所示。

（7）债券型指数基金：持有的资产主要是债券，基金类型中会含有"固收"字样，如图6-3所示。

近1月：12.64%	近3月：1.00%	近6月：-7.78%
近1年：32.36%	近3年：-5.34%	成立来：-71.70%
基金类型：指数型-股票 高风险	基金规模：1.56亿元（2023-09-30）	基金经理：刘伟琳
成立日：2015-05-21	管理人：工银瑞信基金	基金评级：暂无评级
跟踪标的：中证传媒指数	年化跟踪误差：2.41%	

图6-2　股票型指数基金

净值估算(23-11-21 15:00)	单位净值（2023-11-20）	累计净值
--	1.2371 -0.02%	1.2951
近1月：0.47%	近3月：-0.10%	近6月：2.00%
近1年：4.46%	近3年：--	成立来：15.12%
基金类型：指数型-固收 中低风险	基金规模：39.15亿元（2023-09-30）	基金经理：王予柯等
成立日：2021-01-06	管理人：广发基金	基金评级：暂无评级
跟踪标的：中债7-10年国开行债券财富（总值）指数	年化跟踪误差：0.58%	

图6-3　债券型指数基金

（8）商品型指数基金：持有的资产主要是商品，跟踪的标的主要是大宗商品，比如原油、金属、贵金属或农产品期货等，比如国泰黄金ETF跟踪的标的是黄金9999，如图6-4所示。

图6-4　商品型指数基金

（9）混合型指数基金：同时投资于股票、债券、货币等多种资产，没有明确的投资方向。

（10）国内指数基金：主要投资于国内市场。

（11）海外指数基金：主要投资于海外市场，基金类型中包含"海外"字样，比如追踪标的为标普500指数、纳斯达克100指数等，如图6-5所示。

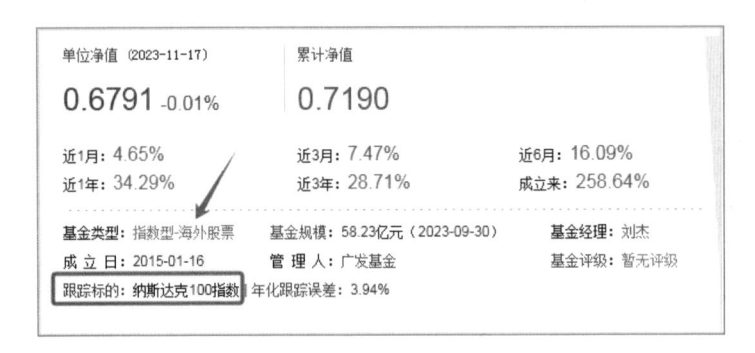

图6-5　海外指数基金

（12）大盘指数基金：它是以大盘指数为跟踪标的的指数基金，随大盘指数的波动而波动，比如上证50ETF、上证180ETF、上证红利ETF、上证央企

ETF等。

（13）中盘指数基金：它是以中盘指数为跟踪标的的指数基金，随中盘指数的波动而波动，比如工银中证传媒指数（LOF）A、广发中证全指汽车指数C、东财云计算A(012321)等。

（14）小盘指数基金：它是以小盘指数为跟踪指数的指数基金，随小盘指数的波动而波动，比如东财食品饮料A、富国上证指数ETF联接C、万家国证2000ETF发起联接A等。

（15）红利指数基金：其成分股是由市场上股息率最高，现金分红最多的50只股票组成。可以简单将其理解为投资标的市值不分大小，而以分红多少为标准，分红越多，占据的权重越大。基金名称中多含"红利"二字，跟踪的标的常为上证红利指数、深证红利指数和中证红利指数等。比如，大成中证红利指数C和大成中证红利指数A跟踪的标的是中证红利指数，如图6-6所示。

图6-6　红利指数基金

（16）低波动指数基金：通过波动率排名，选取股价波动率最小的一批股票填满"篮子"构成指数（名称中的常含"低波动"字样），因此，低波动只是一个相对值，并不绝对。比如A、B两只股票的价格都从10元涨到30元，A股票价格呈现10→15→20→25→30的波动，B股票价格呈现10→28→15→20→30的波动，那么，A相对于B，则是低波动。图6-7为华安中证低波动ETF。

图6-7 华安中证低波动ETF

6.1.4 ETF、LOF、ETF联接是什么

指数基金的名称中常含有ETF、LOF和ETF联接的字样，要真正了解指数基金，就必须把这些字符的含义搞清楚。

1. ETF和LOF的区别

ETF是指交易型开放式指数基金，又被称为交易所交易基金，是一种在交易所上市交易的、基金份额可变的开放式基金。

LOF是指上市型开放式基金发行结束后，投资者既可以在指定网点申购与赎回基金份额，也可以在交易所买卖该基金，又被称为上市型开放式基金。根据投资品种的不同，LOF基金既有被动跟踪指数的指数型基金，也有主动管理型的股票基金。那么，如何区分呢？其实很简单，如果是被动跟踪指数的LOF指数型基金，在基金信息里会有"跟踪标的"字样，如图6-8所示。

虽然LOF与ETF都是开放式基金，既可以进行申购和赎回，也可以在场内进行交易，但两者之间有很明显的区别（由产品结构决定）。

一是申赎转换机制不同。

ETF申购时，投资者需要提前购买与指数对应的一篮子股票，然后用一篮子股票来申购ETF的份额；赎回时，投资者拿到手的也不是现金，而是对应的一篮子股票（ETF用实物申赎）。

图6-8　LOF指数基金的跟踪标的

LOF申购和赎回都是用现金完成的，这也就意味着你用现金买基金份额，然后用份额赎回得到现金（LOF用现金申赎）。

二是申赎场所不同。

ETF只能通过交易所申赎，无法在场外申赎，原因很简单，就是只有场内才能进行股票交易，比如你会发现在支付宝App上无法正常购买，会出现"本平台暂无法销售"或是"去券商交易"等字样，如图6-9所示。

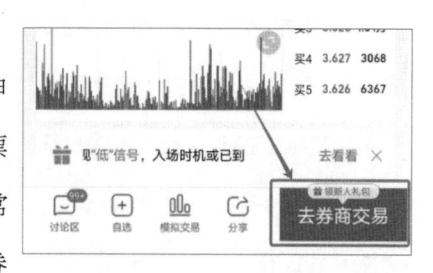

图6-9　场外无法直接购买ETF

LOF既可以在场内申赎交易，又可以通过场外代销点申赎，比如银行、销售平台、基金官网等渠道。

三是申赎门槛不同。

ETF设有最低的数量限制，通常从一级市场中购买至少需要50万份，因此，门槛较高，更适合于拥有一定资金规模的投资者才能参与，比如机构和有实力的个人投资者。对普通投资者而言，主要通过二级市场上的ETF联接类指数基金进行买卖。

LOF也有最低购买数量限制，但申购起点较低，门槛甚至低至10元，适合广大中小资金投资者参与。

四是投资仓位不同。

ETF采用股票申赎，既用股票申购，也用股票赎回，不需要预留现金，基本都是满仓操作，跟踪的基准也是指数收益。

LOF采用现金申赎，因此，基金需要预留一定的现金，以应对投资者不定期的赎回，所以，LOF基金无法做到满仓，其跟踪基准一般不是指数收益，而是指数收益×95%+存款利息×5%。

五是运营费用不同。

绝大部分的ETF管理费用为0.5%，托管费为0.1%。

LOF的管理费大部分为0.75%，托管费为0.15%（比ETF的运营费高）。

2. ETF联接

由于ETF的投资门槛较高，且要求通过证券交易软件进行场内买卖，许多普通投资者因此被挡在门外，为了解决这一问题，ETF联接应运而生。可以将其简单理解为：ETF联接是买ETF基金的基金，一般以不低于90%的仓位投资于该标的ETF基金。比如，华夏沪深300ETF联接是指有不低于90%的资金用于投资华夏沪深300ETF。其目标是跟紧华夏沪深300ETF，获取和它差不多的收益（指数收益>ETF收益>ETF联接收益）。因此，ETF联接的收益与ETF基金有强相关性，但在跟踪指数的效果上肯定会略次于ETF，毕竟它是复制跟踪ETF。

补充：看到ETF和LOF时，一些人会觉得FOF也是指数基金的一种。其实，FOF与指数基金无关，这意味着指数型基金的名称中不会含有"FOF"字样。毕竟它是基金中的基金，也就是基金经理或是普通投资者拿着钱去买一篮子基金，构成一个组合，进行二次风险分散。它对新手或是无暇打理投资组合的投资者比较友好。

FOF与指数基金属于两大类（完全不是包含关系），如图6-10所示。

图6-10 FOF基金与指数基金的关系

6.1.5 指数基金怎么买入

大家购买指数基金主要渠道有两个：即场外和场内。前者是向基金公司或是代销机构进行申购或赎回基金份额，比如银行、证券公司、期货公司、保险公司、支付宝、微信、同花顺、天天基金、蛋卷基金等。后者是指证券账户。下面我们以实例来演示如何通过场外和场内渠道买入指数基金(这也是基金的通用买入方法)。

1. 场外购买指数基金

尽管场外购买指数基金的方式比较多，但是考虑到大家普遍使用支付宝，出于便利性考虑，可以直接在支付宝App上购买，不用再花时间去银行或是下载注册其他App。这里以买入天弘中证银行ETF为例，为大家演示具体操作步骤。

第1步：打开支付宝App，在"理财"页面的搜索框中输入天弘中证银行ETF代码"001595"，选择该指数基金的全称选项，即"001595天弘中证银行ETF联接C"，进入基金的买入页，如图6-11所示。

图6-11　选择天弘中证银行ETF联接C

第2步：输入买入金额，然后点击"确定"即可，如图6-12所示。

图6-12 输入买入金额

2. 场内购买指数基金

在证券软件App上购买指数基金可以在"交易"页面中输入代码直接购买，不需要像申购场内货币基金那样，需要先进入"场内"，然后再细分"申赎型"和"交易型"（3.3.2已讲解过），最后才能进入购买流程。这里以在海通证券App上买入沪深300ETF为例，为大家演示具体操作步骤。

第1步：打开并登录证券软件App，点击"交易"，之后点击"买入"，进入"买入"页面，如图6-13所示。

第2步：输入ETF代码，这里输入510300（程序自动填写指数基金名称），然后输入买入的仓位数量，最后点击"买入"，如图6-14所示。

图6-13 进入场内买入

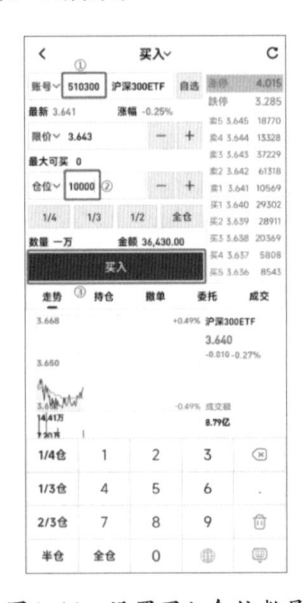

图6-14 设置买入仓位数量

第3步：在弹出的"买入委托提示"弹窗中点击"确定"，如图6-15所示。

买入委托提示	
股东账号	A525827807
委托方式	限价委托
证券名称	沪深300ETF
证券代码	510300
委托价格	3.643
委托数量	10000
是否确定提交以上委托？	
取消	确定

图6-15　确定委托买入

补充：在场内买入指数基金时，你只是向交易所发出了委托买入的指令，并不意味着一定会成交，因为ETF的交易价格是实时变动的，简单来说就是别人并不一定愿意以你设置的委托价卖给你，毕竟场内交易自由，都是价高者得之，因此，委托买入后，还需要你去"查询委托"板块查看订单是否成交了，如果没有成交，则这笔订单买入失败，需要你撤单后再次进行买入操作。

6.1.6　指数基金怎么卖出

买入指数基金后，就意味着你持有了该指数基金，如果你不想继续持有，可以选择卖出。以下是场外和场内卖出指数基金的详细步骤。

1. 场外卖出指数基金

以在支付宝App中卖出指数基金为例，具体操作如下。

第1步：在"理财"页面，点击"基金"，切换到"基金"页面中，点击"持有"，如图6-16所示。

第2步：选择要卖出的指数基金，进入到"资产详情"页面中，点击"卖出"，如图6-17所示，然后输入"卖出份额"，最后点击"确定"。

图6-16　进入基金页面

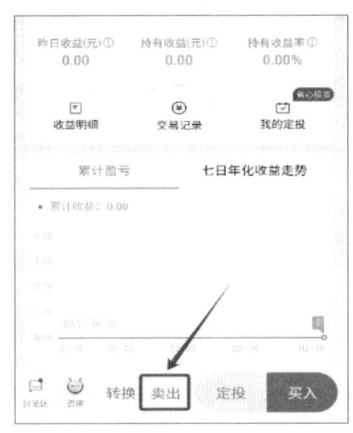

图6-17　卖出持有的指数基金

2. 场内卖出指数基金

以在某证券App中卖出指数基金为例，具体操作如下。

第1步：登录证券App，点击"行情"，在"持仓"页面中选择要卖出的指数基金，进入基金详情页面中，点击"下单"，如图6-18所示。

第2步：选择"卖出"，输入卖出的指数基金份额，最后点击"卖出"，如图6-19所示。

第 6 章　指数基金和养老理财

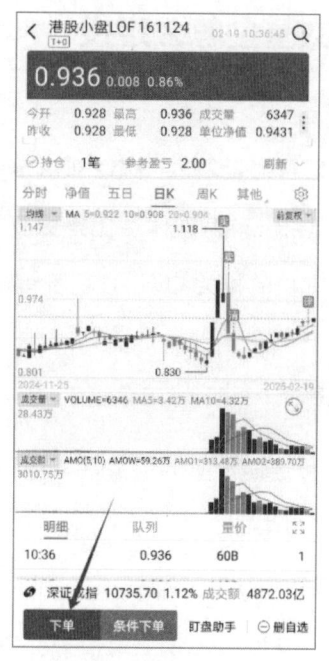

图6-18　选择要卖出的指数基金

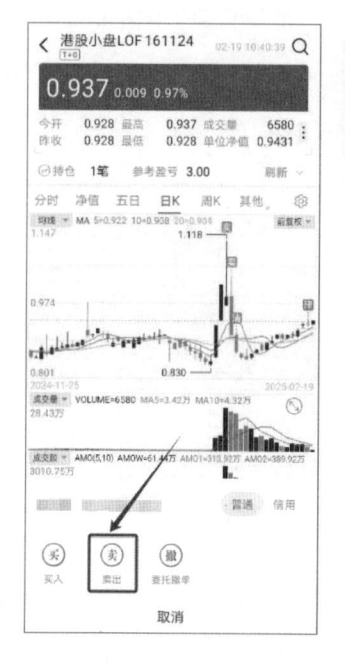

图6-19　确认卖出份额

161

6.2 指数基金怎么定投

上一节讲解的是怎么一次性买入指数基金，虽然也可以在长期持有中获取不错的收益，但它没有完整体现出指数基金的另一优势，即摊薄成本。下面我将介绍一些指数定投的相关知识、技巧及策略。

6.2.1 定额和不定额定投

指数基金定期定额的定投是一种经典的定投模式，也是最"省心"的定投模式，你只需设置每期固定投入的金额和自动扣款时间，程序就会自动将资金转入到证券公司账户中，省时省力。

下面以在支付宝App上定投天弘中证银行ETF代码001595为例（定投时间为每周一，每期定投金额为1 000元）来进行讲解，具体操作步骤如下。

第1步：打开支付宝App，在"理财"页面的搜索框中输入天弘中证银行ETF的代码"001595"，选择该指数基金的全称选项，即"001595天弘中证银行ETF联接C"，进入基金的买入页面，如图6-20所示。

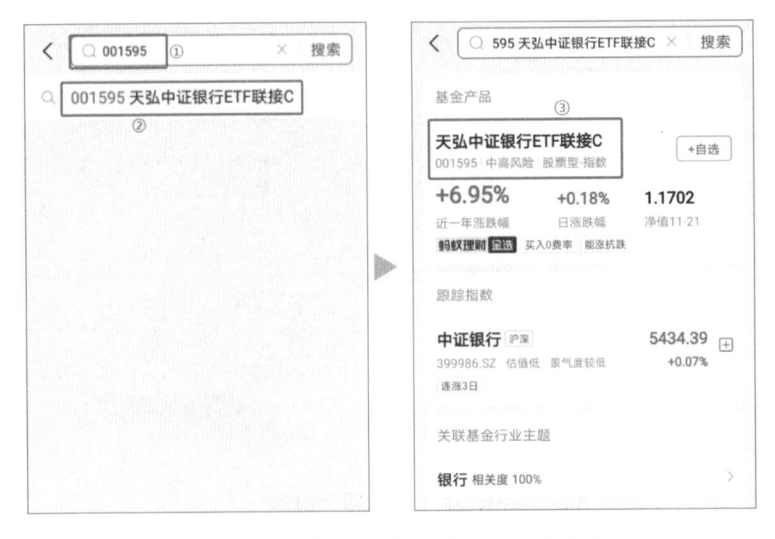

图6-20 选择天弘中证银行ETF联接C

第2步：点击"定投"，进入定投页面，如图6-21所示。

图6-21 选择定投

第3步：设置定投金额为1 000，设置定投周期为"每周 周一"，点击"确定"，如图6-22所示，然后在操作提示下输入支付密码等完成操作。

图6-22 设置金额和周期

需要说明的是，指数基金定期定额的定投有一个"天生"的短板，即它不会分辨当前价格的高低。因此，有人将定投的方式进行了改良就是定期但不定额，也就是在价格低的时候多买，在价格高的时候少买，实现成本摊薄的目的，最后的收益自然增加了。

那么，如何判断价格高低呢？方法并不复杂，较为常用的有四种：一是买入最新价；二是均线；三是估值高低；四是价值平衡，下面来进行具体介绍。

（1）买入最新价

在买入指数基金时，都会有一个买入最新价，如图6-23所示，如果最新价在不断增加，即这一期比上一期，甚至比上几期的买入价都高，而且增加的比例比较大（明显感受到买入价在梯度上涨），此时可以减少买入的金额，反之，多买。这种方法虽然有点儿"目光短期"的感觉，但这是最直接的方法。比如，一月某指数基金的最新买入价格是1元，买入金额1 000元，二月的最新买入价格是1.2元，明显涨价，此时，可以将买入金额降低为800元。

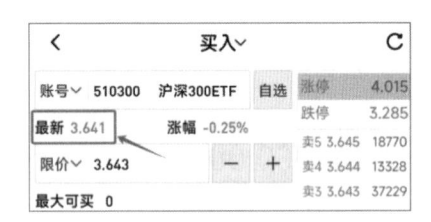

图6-23 定投买入的最新价

（2）均线

由于指数基金的买入价在不断变化，忽高忽低，没有明显的上涨和下跌，这时可以画出一条参考线——均线，比如30日均线（把30个交易日的收盘价进行平均，每一日都有一个平均值，也就有一个点，然后将30个点连接成一条线），如果买入价格高于这条均线则少买，反之，则多买。

（3）估值高低

价格高低没有绝对之分，只有相对比较。因此，可以把"格局"放大一些。在低估值时加大买入金额，在高估值时减少买入金额，甚至卖出。比如，2023年

11月22日，在支付宝App上查看到某指数基金的估值处于低估状态，此时，可多买入，如图6-24所示。

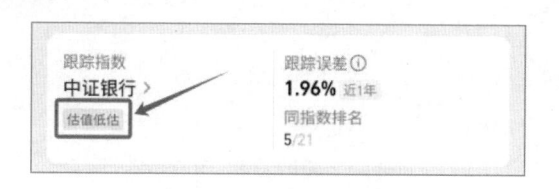

图6-24　估值低估状态

（4）价值平衡

它是一种很简单的方法，就是将每期的增长市值固定作为参考值，如果增长的市值低于预定的增长市值，则买入，反之，赎回。

6.2.2　智能定投

智能定投也被一些人或是交易软件称为智慧定投。简单来说，它可以理解为定期不定额的投资方式，只是不定额的算法和逻辑有所不同，比如在支付宝App上就有"智能定投"，如图6-25所示。

智能定投有两种"智能"判定模式：

一是以T-1日的净值与持仓成本的涨跌5%作为参考，高于它，则少买（原始定投金额×80%），反之，则多买（原始定投金额×140%），如图6-26所示。

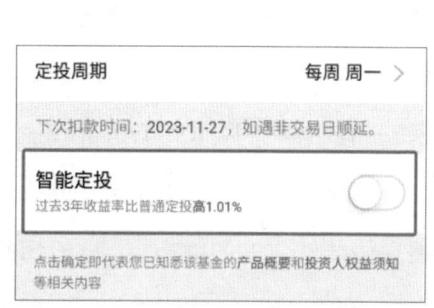

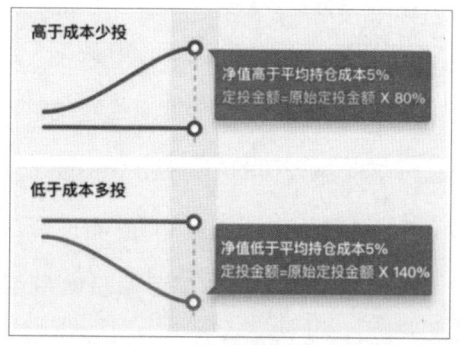

图6-25　智能定投　　　图6-26　以持仓成本为买入参考标准

二是以选定的均线作为参考,有180日均线、250日均线和500日均线,如图6-27所示,高于均线则少买,反之,则多买(这一点与定期不定额定投的均线方法基本一样)。

图6-27 以均线为参考标准

此外,除了支付宝App上的这种两种智能定投方式外,还有以估值为参考(标准)的智能定投策略。这种策略依据市盈率(PE)和市净率(PB)来判断当前标的资产是否处于低估值状态,从而决定买入量;当判定为低估值时增加购买量;相反,则减少,甚至是卖出。其核心依据是价值回归,也就是坚信标的资产的价格是相对固定的(中性估值),不管价格偏高或是偏低,最后都会回到正常价位,类似于"遛狗理论"。

相对于定期定额的定投指数基金,智能定投的收益会相对较高,因此,在选择智能定投时要弄清楚它的逻辑和原理,进行对比和分析,更重要的是:自己在使用智能定投策略时,要知道怎么去设置"智能"条件。这里我分享一套自己多年使用的方法,即PE百分位和PB百分位。

1. PE百分位

PE是指市价盈利比率(市盈率),即投资的回本年限,也被称为"本益比""股价收益比率",计算公式为:股票价格÷每股收益或是公司市值÷公司净利润。比如,某公司的市值是2 000万元,公司一年的净利润是100万元,则市盈率=2 000÷100=20。这也就意味着投资这家公司需要20年才能把本金赚回来。

在股票市场中,PE是评估股票是否被高估或低估的关键指标。一般情况下,一只股票市盈率越低,市价相对于股票的盈利能力越低,表明投资回收期越短,投资风险就越小,股票的投资价值就越大;反之,则投资回收期越长、投资风险越大、投资价值越小,因此,在选择对比基金时,要选择PE值相对较小的标的。

在实际投资中,用PE的绝对值大小来判断指数的估值高低是一件比较难的事情,毕竟同一指数在临界值的选择上可能存在不同,因此,建议大家用PE百分位作为指标之一。

PE百分位是根据历史的PE值计算得到的,比如某股票的PE百分位是26%,代表当前的PE在过去五年里比74%的时候都要低。当然,不需要手动计算,证券软件中会直接显示,如图6-28所示。

指数	PE	PE百分位
中证中药 CSI930641	26.08	18.40%
港股通互联网 CSI921637	24.54	1.91%
CS生医 CSI930726	34.12	19.33%
医疗器械 CSIh30217	36.57	29.85%
SHS创新药 CSI931409	34.20	27.33%
CS医药创新 CSI931484	26.22	27.24%
全指医药 SHD00991	30.00	18.05%
生物医药 SZ399441	32.87	13.20%
800医药 SH000933	28.26	12.43%
高装细分50 CSI931521	46.43	11.11%

图6-28 指数基金的PE百分位值

此时,可以根据PE百分位去创建一套个性化的智能定投策略。首先确定每个周期定投的金额,比如每月定投的基础金额是4 000元。然后根据如下情形确定每期的定投金额。

情形一:PE百分位<21%

此时,指数基金的估值处于低估水平,可以考虑加大定投金额。如果基金净值比上一期有所下跌,则可以加倍定投金额,但要控制比例,不能超过总仓位的30%，最好控制在进场定额的1.5倍左右。毕竟后续可能继续下跌，还要继续定投。

情形二：21%＜PE百分位＜36%

此时，指数基金的估值处于相对低估水平，投资者既可以稍微增加定投金额以利用市场低点，又可以保持基础定投金额作为稳定的投资策略。

情形三：36%＜PE百分位＜66%

此时，指数基金的估值处于历史均值附近，最好按基础定投金额定投，不要加大定投金额。

情形四：66%＜PE百分位＜81%

此时，指数基金的估值进入历史高位，需要保持头脑清醒，不要盲目追高，最好暂停定投，甚至采取卖出获利。

情形五：PE百分位＞81%

此时，指数基金的估值进入"疯狂"阶段，也是牛市的最后阶段，可以分批卖出获利止盈，也可以赌一把，抓住牛市的尾巴，将收益最大化，直到净值在最高点出现了10%左右的下跌，立即卖出止盈。

2. PB百分位

由于券商、地产、金融、材料等指数属于强周期指数，其盈利波动较大，使用市盈率估值法容易产生偏差。因此，对于这些行业，使用PB百分位作为估值指标更加准确。比如在2013年的熊市，券商行情不好、交易低迷，利润也很低，导致PE估值很大，而PB处于历史低位。到2015年牛市时，尽管股价和利润都在猛涨，PE估值并没有发生变化，但是PB已处于历史高位。

补充：PB是指股票的市价除以每股收益的比率，反映一笔投资回本的时间（市净率），即投资的回本年限。比如某上市公司的股价是15元，在过去的一年里，公司每股收益有5元，则PB为15÷5＝3，这意味着需要3年的时间才能赚回你投入的钱。通常情况下，市净率越低表示股份公司的经营业绩越好，股票净值越高，投资风险也越低。

与PE类似，投资者想要获得准确的PB值是一件比较困难的事情，原因很简单，影响PB值的因素有很多，包括股票市场的行情、公司的诸多财务指标等。因此，建议投资者使用PB百分位作为智能定投的参考标准，如图6-29所示。

全部估值	PB	PB百分位
中证中药 CSI930641	2.82	21.71%
港股通互联网 CSI931637	3.30	21.41%
CS生医 CSI930726	4.64	3.56%
医疗器械 CSI930217	3.54	4.22%
SHS创新药 CSI931409	3.86	16.62%
CS医药创新 CSI931484	4.91	6.02%
全指医药 SH000991	3.37	7.29%
生物医药 SZ399441	3.91	3.10%
800医药 SH000933	3.34	3.97%
高装细分50 CSI931521	3.48	2.84%

图6-29　指数基金的PB百分位值

具体的定投方案如下。

情形一：PB百分位<26%

此时，指数基金的估值处于低估水平，可以加大定投金额，最高不超过1.5倍。

情形二：26%<PB百分位<51%

此时，指数基金的估值处于相对中性偏低，既可以稍为加大定投金额，也可以保持基础定投金额。

情形三：51%<PB百分位<76%

此时，指数基金的估值处于相对中性偏高，可以少许买入（不超过初定投金额的50%），甚至可以停止买入。

情形四：77%<PB百分位

此时，指数基金的估值处于相对高估，不能再买入，而是卖出（可以全部卖出,也可以部分卖出止盈)。

补充:智能定投只能用于指数基金定投,不能用于其他主动型基金定投,因为其他基金的市盈率不能用来进行估值计算,同时,在选择指数基金时,也可以用PE和PB百分位的方法,决定选择哪一只指数基金。

6.2.3 存量资金与增量资金的定投

对于绝大部分投资者而言,资金分为两种:一是已经到手的资金;二是收入,包括工资、分红、利息、租金、兼职工资等。前者被称为存量资金,后者被称为增量资金。

这两种资金的定投方案有很多种,不过根据个人的投资经验而言,我更喜欢进行"两条腿"走路,在取得高收益的同时,做好风险平衡。

1. 存量资金

对于已有的资金,建议保留15%作为应急资金,用于购买开放式货币基金或现金管理类理财产品,其他的资金用于选择估值处于低位的宽指基金定投,或是低波指数基金的定投,抑或是债券型指数基金,避免投资于窄基指数基金、热门主题指数基金或是股票型指数基金。核心策略是以最低风险追求资金保值,确保个人财富和基础稳固。

同时,将定投的资金平均分为48份,每月定投一份,采取"省心"式定投策略,完全放松投资心态,坐等盈利。

2. 增量资金

对于每月的收入,首先应确保生活花销和人情往来的支出,然后将剩余资金的10%投入货币基金中或是现金管理类理财产品中,最后将剩下的资金用于定期不定额定投、智能定投或是增强型指数基金中,也可选择风险高收益也高的股票型指数基金或主题指数基金等。这种策略的核心逻辑是与存量资金的定投形成风险对冲,以获得高收益为目标,作为"卫星"资产。简单来说就是即使增量资金的定投出现了亏损也无所谓,因为你还有存量资金构成的核心资产作为保底,做到赢得起也输得起,加上还有新的收入,完全不会对自己的生活造成影响。

补充:"核心+卫星"投资策略是指将投资资产分为"主要"和"次要"两个部分。目的是在寻找投资安全、收益稳定、承担损失之间寻求一个平衡,因此,"核心"资产主要目的在于控制基金组合的风险,以获取相对较稳健的收益(选择被动型、费率低、流动性比较好的指数基金),而"卫星"资产则是为了用小仓位去承担部分风险力争获得更高收益(偏向于波动率大的成长类基金产品)。

6.2.4 定投的加仓指标——边际成本降率

定投有一个很重要的作用就是"摊薄成本",这意味着投资者不仅不用担心自己持有的基金价格下跌,反而希望基金价格下跌,因为大家能以更低的成本买入更多的基金份额。然而,这种效果也不是永久有效,会随着定投期数的增加,其影响力会逐渐弱化,直至忽略不计。

对于单一指数基金的定投而言,则可以通过定期不定额或是智能定投的方式来解决。但如果你是持有多只指数基金的组合进行定投,此时就需要计算怎样分配定投资金来把摊薄成本的作用发挥到最好。也就是在定投组合中把相对固定的钱定投到哪一只指数基金上能更多地或是更有效地降低整体成本。

如果手动计算,由于定投资产组合中有多只指数基金,工作量将会非常大,既费时费力还容易出现错误。此时,可以借助"边际成本下降率"指标来轻松解决这一问题。该指标是指对已持有基金加仓单位资金后,基金持仓成本所获得的下降比例。经过比较后,比值越小的基金越值得买入,计算公式如下:

边际成本下降率=(加仓后的持仓成本价÷加仓前的持仓成本价-1)×100%

比如,假设定投资产组合中两只指数基金:A和B。它们持仓成本价都是1元,每期的定投金额也都是1 000元,持仓数量分别为1 000份和4 000份,持仓总成本分别为1 000元和4 000元。当前,A、B基金最新的市场价格分别变成了0.9元和0.4元,见表6-4,此时,你应该优先投资基金A还是基金B?

表6-4 定投组合的数据

定投组合	持仓数量（份）	持仓总成本（元）	持仓成本价（元）	每期定投金额（元）	最新市场价（元）
基金A	1 000	1 000	1	1 000	0.9
基金B	4 000	4 000	1	1 000	0.8

假如我们用1 000元加仓买入基金A，则可以使基金A的持仓成本价从1元下降为0.95元{[(1 000×1)+(1 000×0.9)]÷(1 000+1 000)}，成本下降幅度为−5%[(0.95−1)÷1×100%]，也就意味着基金A的边际成本降率为−5%[(0.95÷1−1)×100%]。

假如我们用1 000元加仓买入基金B，则可以使基金B的持仓成本从1元下降为0.96元{[(4 000×1)+(1 000×0.8)]÷(4 000+1 000)}，成本下降幅度为−4%[(0.96−1)÷1×100%]，也就意味着基金B的边际成本降率为−4%[(0.96÷1−1)×100%]。

综上所述，基金A的边际成本降率小于基金B的边际成本降率，即−5%<−4%，按照摊薄买入成本的逻辑，应该对定投组合中的基金A优先加仓。

6.2.5 定投止盈

定投的最终目的是盈利，也就是赚钱，不过，止盈绝不是刚翻红就卖掉指数基金，这样不划算，毕竟指数基金投资的周期相对较长，基本上都是以年周期为单位，因此，指数基金的止盈必须有方法、有策略。除了在"价值平衡"定投中分享的止盈方法外，还可以采取如下几种止盈手段：

1. 一次性止盈

在指数基金定投开始前或是选择指数基金标的资产的过程中，通常会设定一个预期收益目标，一旦达到预期目标，随即止盈，无须犹豫。

当然，如果在定投的过程中，自己出现了难以承受的心理压力或是资金压力，一旦有盈利（甚至是少亏）也可以全部卖出止盈。

2. 分批止盈

当遇到好的行情，特别是行情反转上涨（以前是下跌行情，当前是上涨行情），且上涨势头明显时，即使已经达到了自己的预定目标，也可以先止盈一部分，确保这部分收益，然后在观察一段时间后，根据市场情况再次决定是否再止盈一部分或是剩余的全部，从而获取"意外的收益"。

3. 回撤止盈

当指数基金的定投收益已经达到了自己的预期目标后，仍然想再"搏一搏"，此时你可以先不止盈，也不定投加仓。而是为自己画一条"回撤线"，只要行情回撤超过了这条线，就卖出止盈。反之，则一直持有，继续享受行情上涨带来的收益。

补充：指数基金的定投止损。

很多投资人和专家都宣称指数基金只止盈不止损，因为他们认为基金净值无论怎样波动，最后都会回归。其实不然，他们似乎忘记了单边上涨和极端的单边下跌行情（哭泣曲线），而且完全不考虑普通人的资金是否能撑到下一个反转周期，也就是从单边下跌到单边上涨。

作为普通人的我们，特别是工薪族，在定投的过程中如果发现这样两种情况，最好止损出局：一是加仓价格逐步在增加，而且持续较长一段时间，此时，要清楚地认识到自己可能遇到了单边上涨行情，如果再继续加仓定投，只会增加投资成本，完全没有享受到定投的"成本摊薄"优势，后市还可能面临单边下跌的行情，让自己出现较大的浮亏。比如，从2006年11月28日到2007年10月17日，沪深300指数从1644点上涨至5824点的单边上涨行情。二是遇到极端的下跌行情，一直跌，看不到任何希望，摊薄成本的效应逐渐减弱，此时，最好止损，降低损失。比如恒生指数在2021年7月30日开始出现了月线级别大幅度单边向下，完全跌破了所有的支撑位或是月线。

6.2.6 定投的收益率计算

定投周期已经结束，并不打算继续持有，同时进行了赎回。此时，你要想知道具体收益是多少？不用再进行各种计算，特别是带有时间成本的加权计算，不是因为算不清楚，而是费时费力，不如借用基金网站中自带的定投收益计算器。比如，A从2017年11月24日开始定投鹏华中证传媒指数(LOF)A，分为72期，每月1日加仓1 000元。在2023年11月29日赎回，则这一笔定投的收益率为5.75%，总资产为76 137.37元，获利4 137.37元（76 137.37-72 000）。

具体操作方法如下（以天天基金网中的定投收益计算为例）。

第1步：打开"天天基金网"官网，单击"收益计算"，进入"基金收益计算器"页面，选择"定投收益计算器"，打开"定投收益计算器"，如图6-30所示。

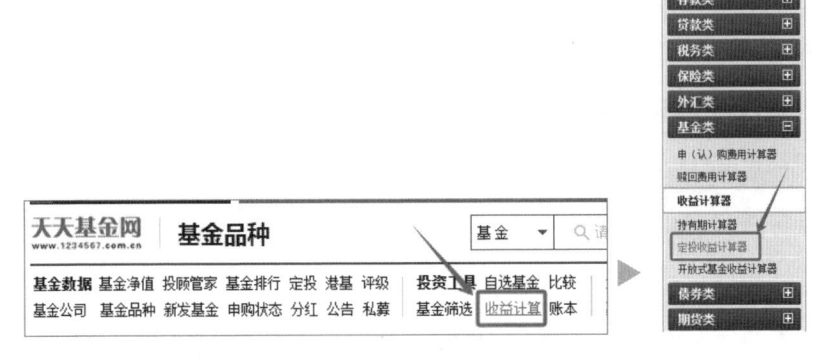

图6-30 打开"定投收益计算器"

第2步：分别设置定投基金的代码、开始日、结束日、赎回日、周期、定投日、申购费率、定投金额和分红方式，最后单击"计算"，程序自动计算出"期末总资产"和"定投收益率"，如图6-31所示。

图6-31 计算收益率

6.3 指数增强型基金怎么定投

如果觉得指数基金定投的收益率不能满足自己的预期，还可以定投"强化版"的指数基金，即指数增强型基金。这些基金在进行指数化投资的过程中，通过试图获得超越指数的投资回报，在被动跟踪指数的基础上，加入增强型的积极投资手段，对投资组合进行适当调整，力求在控制风险的同时获取积极的市场收益。

简单来说就是指数增强型基金将仓位分为两部分，比例为80∶20或是90∶10，其中80%至90%用于投资指数成分股，使得这只指数基金可以按照跟踪的指数一样增长或下跌。剩下10%至20%的仓位由基金经理选择他认为更好的个股、行业或是板块作为增强基金的成分股，以获得更高的收益率或是超额回报。

因此，指数增强型基金的波动和风险肯定高于指数型基金，收益会出现两种情况：一是跑赢指数，二是跑输指数。同时，它对基金经理的投资能力和经验要求会高于指数基金。

如图6-32所示，富国中证高端制造指数增强型基金在近5年的累计收益率表现优于其都跟踪指数，而且在2023年的阶段涨幅中出现了正收益。

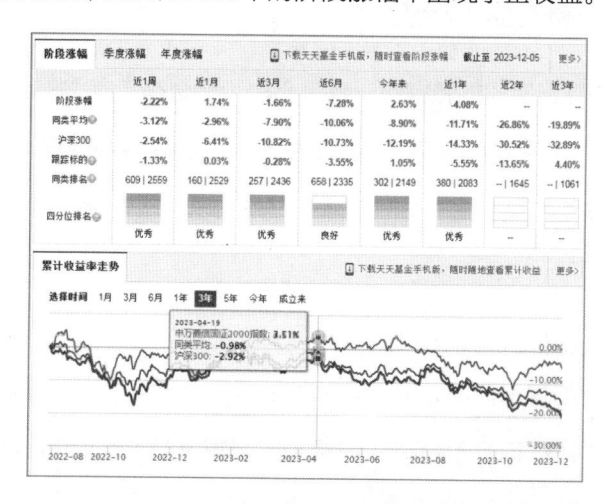

图6-32 指数增强型基金的阶段涨幅和累计收益率走势

至于怎么找到指数增强型基金，可以在基金交易软件商搜索带"增强型"字样的指数基金，就会有很多备选项（具体的对比筛选方法与指数基金完全相同，这里就不再赘述）。

6.4 养老理财

人口老龄化是一个全球化的挑战，对社会经济构成了极大的压力。为了应对这一挑战，我国采用多元化策略，包括基本养老保险、社会保障保险、企业年金、职业年金、商业养老保险、养老目标基金、养老理财、养老储蓄等，旨在尽最大可能保障老年人的生活质量，同时减轻年轻人和社会的压力。

作为投资者的我们，既可以趁年轻为自己的老年做准备，比如购买养老保险、储蓄等，还可以投资养老理财产品，以实现风险较低且稳定增长的投资目的。

养老理财与指数基金的共同点都是投资周期长、风险低和收益稳健且较高，下面我将会对养老理财的特点、优势、种类和选择方法进行分享。

6.4.1 养老理财产品的特点

养老理财产品最明显的特征之一就是名称和标志都带有"养老"字样，比如上海银行养老无忧、工商银行如意人生养老系列、光大银行颐享阳光养老系列等。

由于养老理财产品具有普惠性，因此它具有以下几个特点（也是值得我们投资的点）：

1. 费率低，投资成本相对较低

相比同类型的理财产品，养老理财的管理费（0至0.2%）、托管费（0.01%至0.02%）都相对较低，而且不收取认购费和申购费，也不提取超额业绩报酬，使投资者付出的成本降低很多，从而赚到的钱相对较多。

2. 风险更严格

投资人购买养老理财产品的资金会在母行托管，这就意味着将理财子公司与母行的风险进行进一步隔离，让投资的风险被控制得更加严格。

3. 平滑基金机制降低波动

平滑基金机制是指先按照产品管理费收入的一定比例计提风险准备金，然后将一定比例的超额收益部分纳入收益平滑基金，以此应对产品出现风险准备金无法覆盖亏损的情况。你可以将其简单理解为：投资收益较高时留下一部分，补偿到收益较低甚至是亏损的时候。

而收益平滑基金是养老理产品独有的"优势"，目的很明确，即通过有效机制平衡养老理财产品的收益波动，确保收益的稳定性。图6-33为光大银行养老理财产品说明书中关于平滑基金的描述。

| 平滑基金 | 本理财产品设立收益平滑基金，若本产品扣除税费、管理费、托管费等相关费用后的产品实际年化收益率高于产品业绩比较基准下限，将本产品超过业绩比较基准下限的超额收益部分，按照30%纳入平滑基金并进行专项管理，根据产品业绩表现，专项用于合理平滑养老理财产品收益，产品预提平滑基金后，每月进行支付，并视具体情况回补至本理财产品；管理人经提前2个工作日进行信息披露，可调整平滑基金的相关约定。 |

图6-33 平滑基金描述

4. 风险准备金提取比例较高

风险准备金是指当理财产品出现风险时，银行对投资者进行刚性兑付的资金，因此，可以简单将其理解为保证金，即是银行风险管理的重要工具，也是对投资者的保护，因为按照《理财子公司管理办法》规定，一旦商业银行违法违规、违反理财产品协议、操作错误或因技术故障等原因导致理财产品财产损失或给理财产品客户造成的损失，必须动用风险准备金进行赔偿。

国家为了给养老理财产品更多的保护和支持，特意将风险准备金的提取比例从以往的10%提升到20%（在管理费的基础上），同时，规定当风险准备金余额达到养老理财产品余额的5%时，可暂停提取。相比之下，其他理财产品的风险准备金余额达到产品余额的1%时，则不可提取。

5. 允许提前赎回

投资周期长是养老理财产品的收益相对较高的原因之一，毕竟投资期限是五年起步。不过，为了鼓励更多的投资者投资这项事业（服务老年群体），给大家开了一个"绿灯"，即当投资者出现急需用钱的时候，比如突发的重大疾病（包括28种重度疾病和3种轻度疾病），可以持有相关证明材料提前赎回，这就让投资者解决了"急用钱"的后顾之忧，放心把钱投入养老投资中。

图6-34为养老理财产品说明书中关于提前赎回的描述。

| 提前赎回 | 为保护投资者利益，投资者可在重大疾病以及管理人认定的其他重大支出事项等特殊情形下对理财产品进行提前赎回，提前赎回具体规定详见产品合同。提前赎回费率拟定为0.5%，计算方法如下：提前赎回费＝提前赎回份额×赎回日产品份额净值×0.5%。本产品赎回费用由赎回人承担，全部列入产品财产。 |

图6-34　养老理财产品的提前赎回描述

6.4.2　养老理财产品怎么选

随着时间的推移，养老理财产品的种类会越来越多，推广地区也会越来越广，因此，在选择银行养老理财产品时需要注意如下几点：

一是市场上有很多"假"养老理财产品，一定要选择含有"养老"字样的产品（可以通过试点机构网点、网上银行、手机银行App查阅养老理财产品的详细信息，也可以通过中国理财网进行查询和比较）。

二是处于试点地区的人群。截至2023年11月，仅限北京、上海、深圳、广州、青岛、成都、重庆、武汉、沈阳、长春等试点地区的投资者。

三是要根据自己的资金情况，因为养老理财产品投资的封闭期是五年起步，这就意味着产品期限偏长，资金的流动性差。

四是虽然养老理财产品有风险准备基金和平滑基金制度的保护，但不是保本保收益的刚性兑付，仍然可能面临本金亏损的可能，毕竟业绩比较标准只是参考或是预期目标。同时，为了提高收益，产品还会配置一些高风险资产，因此，需要关注养老理财产品的风险等级是否符合自己的风险意愿。

第7章

混合类理财和混合型基金

7.1 混合类理财

混合类理财可以将其简单理解为混合了债券、股票、商品及金融衍生品类资产等多种投资标的的理财产品，目的很明确，就是通过调整资产配置组合以实现收益最大化，因此，它的收益肯定会比固定收益类强，且具有一定的波动性，但是，肯定会小于价差的收益和风险（第8章中将会详细讲解）。

鉴于此，可以推断出混合类理财的主要作用有两点：

一是适当冒险，但是能通过资产比例的调整控制风险。

二是不满足于较低收益的理财产品，且希望在多个资产配置调整中获得最大化收益。可简单将其理解为；它像一款想冒一点儿险但又不敢冒大险的理财产品。

7.1.1 识别混合类理财

混合类理财不像现金管理类或是固收类理财产品那样，投资者可直接通过产品名称就能识别，有些时候需要通过产品说明书去识别，如图7-1所示。

● 本理财产品类型为**混合类**，若法律法规、国家监管政策或市场情况发生变化，光大理财在不改变产品类型的情况下，可对本说明书中已约定的投资范围、投资品种、投资比例以及收费项目、条件、标准、方式和收益分配原则进行调整。该调整事项将于生效前2个工作日通过产品管理人官方网站或销售服务机构网上销售平台进行书面公告以征求投资者意见。若本理财产品的投资者不接受上述调整，则应及时通过销售服务机构营业网点或网上销售平台赎回本产品（高风险类型的理财产品超出比例范围投资较低风险资产的情况除外）；若本理财产品投资者未赎回本产品，则视为本理财产品投资者对相关调整无异议并同意继续持有本理财产品。

图7-1　产品说明书中的"混合类"字眼

同时，它的投资标的具有多样性，包括股票、债券、金融衍生品类、同业存单、存款、公募基金、权益类资产等，所以，在产品说明书的投资范围中可以直接看到，如图7-2所示。

第7章 混合类理财和混合型基金

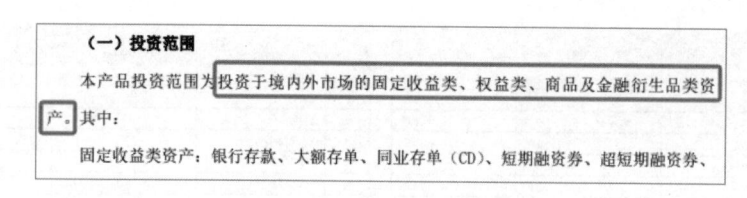

> **（一）投资范围**
> 本产品投资范围为投资于境内外市场的固定收益类、权益类、商品及金融衍生品类资产。其中：
> 固定收益类资产：银行存款、大额存单、同业存单（CD）、短期融资券、超短期融资券、

图7-2 投资范围的多样性

在规划阶段或是持有阶段，产品管理人会根据预期目标或是市场变化去调整投资组合中的资产占比，比如股票资产的占比由原来的15%提升到20%，债券资产的占比由60%下降到55%等，因此，混合型基金的投资风险和收益会有明显不同或是发生变化偏移。

通常情况下，混合类理财产品的风险等级在3级至5级，其中，偏债型混合理财风险等级为3级，均衡型配置理财的风险等级为3级至4级，偏股型混合理财的风险等级为5级。当然，它也有一条明显的比例特征是：偏股型混合类理财的股票配置比例为50%至80%，债券比例为20%至40%；偏债型混合类理财的股票配置比例为20%至40%，债券比例为50%至80%；平衡型混合类理财的股票、债券比例比较平均，为40%至60%。具体的投资比例可以在产品说明书中查看，如图7-3所示。

> **（二）投资比例**
> 1. 固定收益类资产投资比例为不高于50%，权益类资产投资比例为50%-80%，商品及金融衍生品类资产投资比例为不高于30%。本产品将会在产品成立日之后的10个工作日内使资产配置比例符合上述规定。非因管理人主观因素导致突破上述比例限制的，本产品管理人在流动性受限资产可出售、可转让或者恢复交易的15个交易日内调整至符合要求。

图7-3 投资比例

在持有期间，混合类理财产品的投资比例可能会发生调整，因此，要想了解到真实的投资比例或是投资风格是否发生偏移，需要通过定期运作报告去看产品的底层资产配置的变化，比如季报、年报等。图7-4为同一款混合类理财产品在第二季度和第三季度报告中的投资比例情况。

一旦投资比例发生很大的变化，肯定会导致风险等级的变化，此时，需要考虑该风险是否在自己的承担意愿范围内，否则可以进行赎回操作。

序号	资产种类	金额（元）	占产品总资产比例（%）
1	固定收益类	21,847,169.40	24.84
2	权益类	0.00	0.00
3	金融衍生品	0.00	0.00
4	商品及其他类	0.00	0.00
5	公募资管产品	1,023,376.78	1.16
6	私募资管产品	65,072,910.96	73.99
	固定收益投资	795,118.15	0.90
	权益投资	64,277,417.65	73.09
	金融衍生品投资	0.00	0.00
	商品及其他投资	0.00	0.00
	公募资管产品	375.17	0.00
	合计	87,943,457.14	100

序号	资产种类	金额（元）	占产品总资产比例（%）
1	固定收益类	219,027,832.40	27.20
2	权益类	0.00	0.00
3	金融衍生品	0.00	0.00
4	商品及其他类	0.00	0.00
5	公募资管产品	0.00	0.00
6	私募资管产品	586,320,314.14	72.80
	固定收益投资	99,229,510.58	12.32
	权益投资	456,567,679.93	56.69
	金融衍生品投资	0.00	0.00
	商品及其他投资	0.00	0.00
	公募资管产品	30,523,123.62	3.79
	合计	805,348,146.54	100

图7-4　同一款混合类理财产品的投资比例

有人会问，在混合类理财的产品说明书中，投资范围中没有提及股票和债券，而是权益类资产、固定收益类资产等字样，自己怎么辨别？答案很简单，就是股票归属于权益类，债券归属于固定收益类，利率互换、国债期货、股指期货归属于商品及金融衍生品类，在一些理财产品说明书中也会进行详细说明，比如下面是光大银行某款混合类理财产品对权益资产和债券资产的明确说明。

权益类资产：国内依法发行上市的股票（包括主板、创业板、中小板、科创板及其他经中国证监会核准或注册上市的股票）、港股通标的股票，以及中国证监会认可的其他标准化股权类资产。

固定收益类资产：国债、地方政府债券、中央银行票据、政府机构债券、金融债券、银行存款、短期融资券、超短期融资券、大额存单、同业存单、债券回购、公司信用类债券、资产支持证券、可转债、可交换债、股票质押式回购及国务院银行业监督管理机构认可的其他资产。

商品及金融衍生品类资产：利率互换、国债期货、股指期货、商品期货、期权等商品及金融衍生品、国务院银行业监督管理机构认可的其他资产。

7.1.2　如何选择混合类理财

选择银行混合类理财产品最直接的方式是对比风险等级和年化收益率（优先选择风险等级低、收益高的理财产品），不过，由于混合类理财产品的资产比例，产品管理人可以根据市场变化灵活调整，所以，实际的风险等级和年化收益率需要查看实际投资比例和投资策略来验证，而实际风险等级和年化收益率取决于混合类理财产品的资产配置。具体操作方法是在产品说明书中查看投资比例和投资策略及在季度报告中查看资产配置比重。

如果产品说明书中的投资比例都是如图7-5所示的大体范围，则无法判断，不能确定该混合类理财产品是偏股还是偏债，风险等级自然也无法确定。

> **（二）投资比例**
>
> 1.固定收益类资产投资比例为 <u>0-80%</u>，权益类资产投资比例为 <u>0-80%</u>，商品及金融衍生品类资产投资比例为 <u>0-40%</u>。本产品投资于公募基金、资产管理产品的规模合计不低于本产品<u>净资产的80%</u>。非因管理人主观因素导致突破上述比例限制的，本产品管理人在流动性受限资产可出售、可转让或者恢复交易的15个交易日内调整至符合要求。

图7-5　模糊的投资比例

此时，需要打开该理财产品的季报，查看它过去一个或是几个季度的实际资产配置比重。图7-6为混合类理财产品的资产比重数据，其中权益类资产的占比为81.89%，固定收益率的占比只有14.20%，那么，这款混合类理财产品肯定是偏股型，风险等级为最高的5级，收益波动肯定大。如果此时的股票市场处于下跌行情，则该产品出现亏损的概率会增大。

序号	资产种类	金额（元）	占产品总资产比例（%）
1	固定收益类	2,434,202.16	14.20
2	权益类	14,034,818.73	81.89
3	金融衍生品	0.00	0.00
4	商品及其他类	0.00	0.00
5	公募资管产品	669,964.20	3.91
6	私募资管产品	0.00	0.00

图7-6　资产配置的比重

由于债市和股市有一个跷跷板效应，也就是股市不行的时候，往往债市收益相对较好，因此，此时可以考虑选择偏债或是平衡型的混合类理财产品。

同时，查看投资策略主要是为了预判混合类理财产品是否会发生太大的回撤，通常情况下，用一些低保本策略，比如中性策略、CPPI策略（固定比例投资组合保险策略），即使权益类资产配置比例较高，也不会产生太大回撤，是可以接受和容忍的。反之，则需要谨慎。

为了便于大家能轻松看懂产品说明书中的投资策略是低风险策略还是高风险策略，下面为大家简单分享几种常见的投资策略，让大家能更直白地看明白产品管理人是怎么去管理该理财产品的，从而感受到是低风险操作手法还是高风险操作手法。

1. 低中风险策略

常见的低中风险策略包括以下几种：

（1）中性策略

市场中性策略是指同时构建多头和空头头寸以对冲市场风险，在任何市场环境下均能获得稳定收益。它包括统计价差收益和基本面价差收益两个基本类型。其中，统计价差收益是一种基于模型的中短期投资策略，使用量化分析和技术分析方法挖掘投资机会，该策略又分为成对交易、母子公司交易和多类型交易；而基本面价差收益主要是在某一行业内构建投资组合，即买入行业内龙头企业，同时卖出行业内有衰退迹象的企业。

（2）CPPI策略

它又被称为CPPI保本策略，主要是根据市场的波动来调整波动性高的权益类资产与保证本金类资产在投资组合中的比重，以确保投资组合在一段时间以后的价值不低于事先设定的某一目标价值，从而达到在保本的情况下获得一定额外的收益。它的运作大体分为三个步骤。

第1步：确定保本的目标，即保本。

第2步：选择保本类资产，主要选用高信用等级的债券，并根据保证本金类资产的收益计算出到期超过保本底线的数额（被称作安全垫）

第3步：将相当于安全垫一定倍数的资金规模投资于有风险的权益资产，比如股票，以创造高于保本底线的超额收益。同时，CPPI策略在股市上涨的时候可以提高股票的仓位,获得超额的收益,在股票下跌的时候降低股票的仓位以更好地止损。

(3)多资产全天候策略

投资者可以将其简单理解为多个资产和多套策略,其目的是尽最大努力进行资产配置以实现稳定收益。

(4)量化对冲策略

量化对冲是"量化"和"对冲"的结合。其中,"量化"是指借助统计方法、数学模型来指导投资,其本质是定性投资的数量化实践。"对冲"是指通过管理并降低组合系统风险以应对金融市场变化,获取相对稳定的收益。其特点有三个:即追求绝对收益为目标、风险低和收益稳定,因此,成为机构投资者的主要投资策略之一。

(5)久期策略

久期策略取决于债券的三大因素:到期期限、本金和利息支出的现金流和到期收益率。久期越长,债券基金的资产净值对利息的变动越敏感。比如某只债券的久期是五年,如果利率下降一个百分点,则资产净值约增加五个百分点;反之,如果利率上涨一个百分点,则资产净值要遭受五个百分点的损失。

(6)买入持有到期策略

买入并持有策略是指按确定和恰当的资产配置比例构造了某个投资组合后,在适当持有期间内不改变资产配置状态,保持这种组合。因此,它是一种典型的被动型投资策略,通常与价值型投资相联系,具有最小的交易成本和管理费用,但不能反映环境的变化。

(7)波段交易策略

它是常见的一种交易风格,通常情况下,被市场定义为中长期的交易方式,因为交易可能持续几天。当然,波段交易者需要先确认大趋势的走向,找到中间的小趋势,并且根据这个趋势波段选择进场的时机。同时,它在交易品种上并没有太多的限制,基本上都可以使用。

(8)利率债策略

它是指投资者在利率债市场中,比如国债、政策性金融债、同业存单等,通过分析市场走势和利率变化,制定出一系列的交易策略,以获取更高的收益率。由于利率债是以固定利率为基础的债券,其收益率与市场利率密切相关。因此,利率债交易策略地制定需要考虑市场利率的变化和预测,以及债券的基本面分析。

2. 高风险策略

常见的高风险策略包括以下几种:

(1)杠杆策略

可以将杠杆策略简单理解为借钱买债券、期货或是炒股,目的是加倍,逻辑是利用利率价差获取收益。比如,用10 000元买了某只债券,转手债券质押给张三,然后,向银行贷款10 000元从张三手里回购债券。如果债券收益率是3%,回购利率1%,那么,投资该债券10 000元只有3%的收益,而质押借钱再回购债券的收益率为5%(3%×10 000+3%×10 000−1%×10 000)÷10 000。

(2)信用债策略

它主要是指投资信用债的策略,比如投资公司债和企业债,到期后顺利拿到本金和利息。由于公司或是企业可能出现违约,导致债券违约无法兑付。如果你发现该策略的年化收益率或是业绩比较标准超过了一般的债券年化收益率,那么,可以怀疑该理财产品持有的信用债有信用下沉的可能,毕竟信用不是很好的企业更愿意以票息换取融资,简言之,用较高利率来贷款融资。

(3)票息策略

它是最基本的债券投资策略,因债券资产组合存在一个综合票息回报,在久期可比和不出现信用风险的情形下,票息高的组合天然会取得更高的投资回报。票息策略和杠杆策略往往配合使用。

(4)骑乘策略

它是指投资债券的收益率曲线天然倾斜向上,并在一定时间后收益率曲线保持平稳,此时,投资者除了获得票息收入外,还会由于收益率曲线的迁移效应,获得一部分资本利的回报。

(5) CTA策略

CTA策略称为商品交易顾问策略，又被称为管理期货策略。可以将其简单理解为投资于期货市场的策略，由专业管理人投资于期货市场，利用期货市场上升或下降的趋势获利，主要投资于大宗商品期货（农副产品期货、金融期货和能源期货）、外汇期货、金融期货（利率期货和股指期货）。

同时，它又分为主观CTA和量化CTA。其中，主观CTA主要是管理人基于基本面，主观判断走势，决定买卖时点，以及出现失误时能否迅速作出调整，因此，它非常考验基金管理人基于基本面、调研或操盘经验去主观判断走势的能力。而量化CTA是基于机器的判断，也就是基金管理人建立数量化交易策略模型的判断。

(6) 期权策略

它是指为策划套期保值和投资活动而将看涨期权和看跌期权相结合的策略，也就是对不同期权进行做多、做空或多空双向的投资操作，从而在价格变动中获利。

7.2 混合型基金

混合型基金，顾名思义，是股票基金、债券基金和货币基金混合在一起的基金，风险自然介于股票型基金和债券型基金之间，虽有平滑风险的作用，但它仍然属于中高风险级别，收益介于债券基金和股票基金之间，几乎与指数基金持平。目的是实现投资的多元化。因此，它有两个明显的优点：风险对冲和仓位灵活调整。前者是指通过投资或购买与标的资产收益波动负相关的某种资产或衍生产品，以冲销标的资产的潜在风险损失，简言之，用股票基金和债券基金做对冲（原因：股票和债券的利润是负相关）。后者是指根据市场情况灵活调整仓位占比。

7.2.1 混合型基金分类

根据资产投资比例及其投资策略，混合型基金可分为四类：偏股型基金（股票配置比例50%至70%，债券比例为20%至40%）、偏债型基金（股票配置比例为20%至40%，债券比例为50%至70%）、平衡型基金（股票、债券比例比较平均，为40%至60%）和灵活配置型基金（股债比例按市场状况进行调整），示意图如图7-7所示。

下面是偏股型基金、偏债型基金、平衡型基金和灵活配置型基金的产品信息展示，分别如图7-8、图7-9、图7-10、图7-11所示。

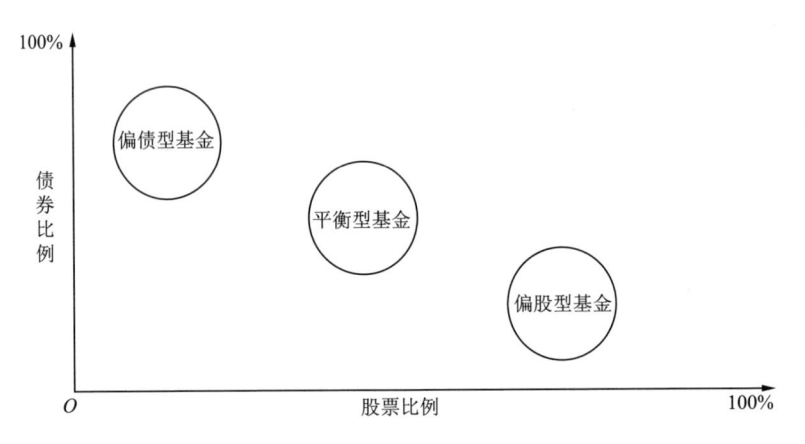

图7-7　混合型基金分类示意图

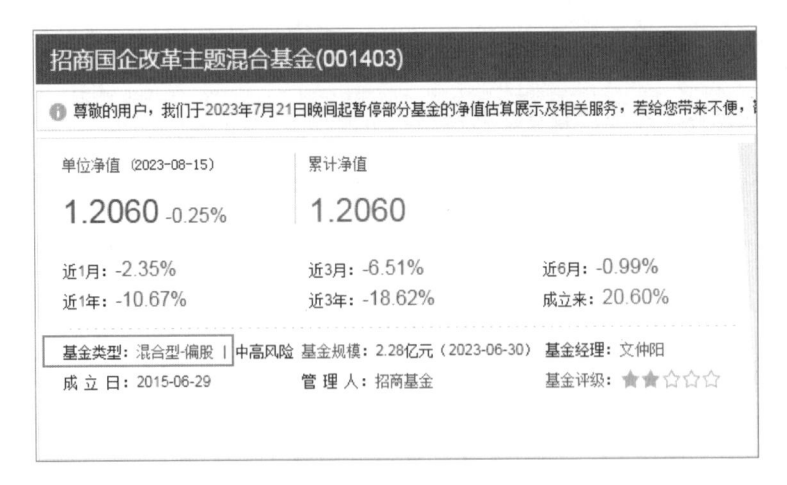

图7-8　偏股型基金

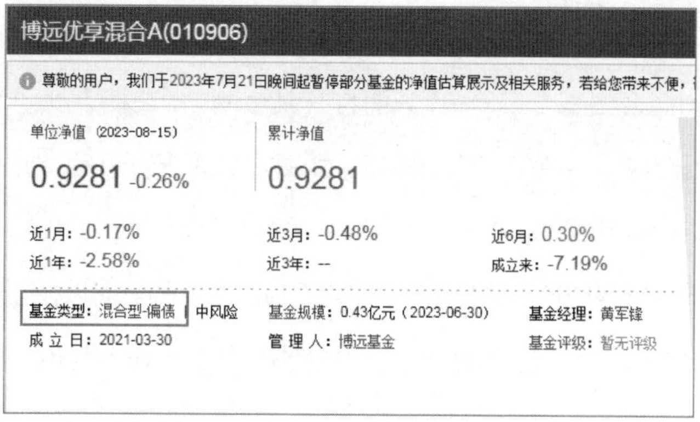

第7章 混合类理财和混合型基金

图7-9 偏债型基金

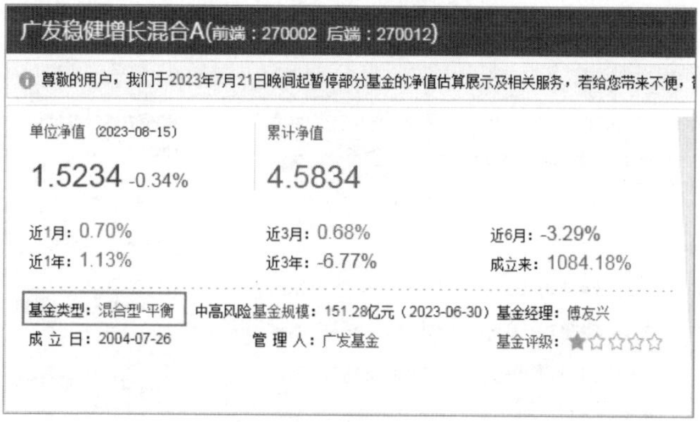

图7-10 平衡型基金

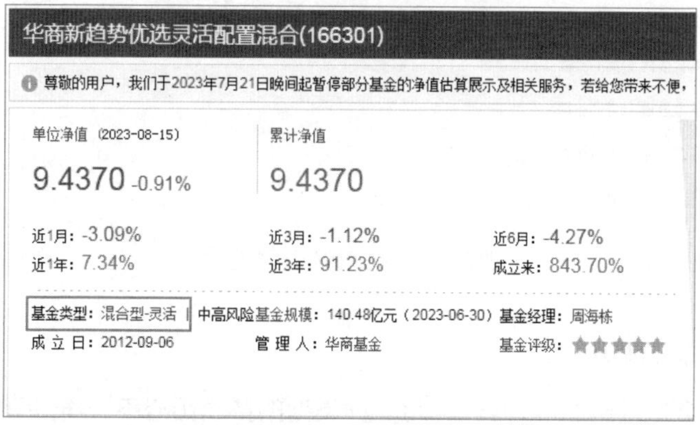

图7-11 灵活配置型基金

7.2.2 挑选混合型基金

想要找到混合型基金很简单，只需打开基金网站，在搜索框中输入"混合型基金"，在弹出的列表中就可以找出很多，如图7-12所示。然后，选择一只或是多只选项，进入详情页购买即可。

但投资不是进菜市场买大白菜，随便挑选自己喜欢的就可以，而是需要根据自身的风险承受能力、基金成立时间、历史收益情况、基金经理人等进行多维度甄别。

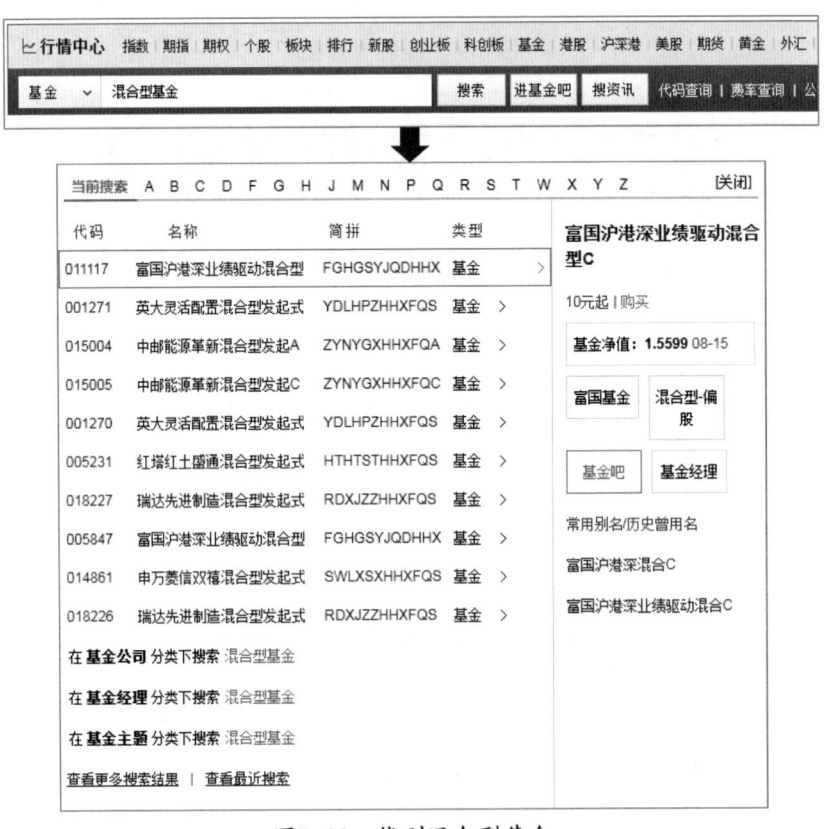

图7-12 找到混合型基金

1. 风险承受能力

因为混合型基金有四种类型，每一种类型的持仓重心不一样，所以，各类基金的细分风险高低略有不同，对此，投资人可以根据自己风险承受能力进行挑选。

（1）风格比较保守的投资者可以选择偏债型混合基金。这类基金以债券投资为主，同时配置一定比例的股票基金进行收益增厚。由于其长期投资的特性，既可以实现比较稳定的投资收入又可以分享股市上涨的收益。

（2）风格比较稳健的投资者可以选择平衡型混合基金。因为该基金可以在股市和债市之间从容转换，从而获得债市和股市轮动的收益。

（3）风格激进型的投资者可以选择偏股型混合基金。这类基金可以在牛市来临时获得股市上涨的红利，在熊市也能获得正常收益。

2. 基金成立时间

为稳妥起见，最好选择成立时间较长的标的，越长越好，最好是经历过两次以上的牛市和熊市的标的，在下一次牛市或熊市的时候，基金经理能拿出有效的应对策略。图7-13为一只2015年成立的灵活配置型基金。

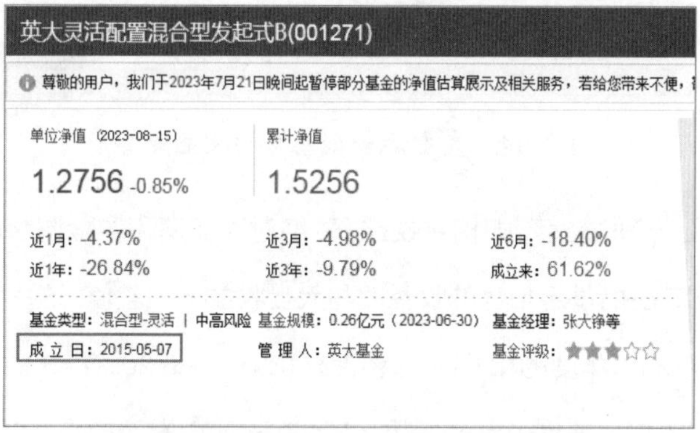

图7-13　查看混合型基金的成立时间

3. 历史收益情况

历史收益情况也被称为基金业绩，虽然我们无法确定未来的收益率，但是我们可以用它作为一个参考，从侧面反映基金经理人的业务水平。当然，不能单纯地看近期或是某一阶段的收益率，需要把时间拉长，最好3年以上，毕竟1~2年的收益率可能有运气成分的加持。比如在行情较好的时候成立基金，大盘指数就能带来超额回报，带动基金有较好的收益率，但运气占了很大成分，与基金经理个人的能力和背后团队没有太大关系。

图7-14分别为自基金成立以来的年度涨幅统计和累计收益率走势图。从走势图中可以看出该基金的收益率整体略好于同类产品。

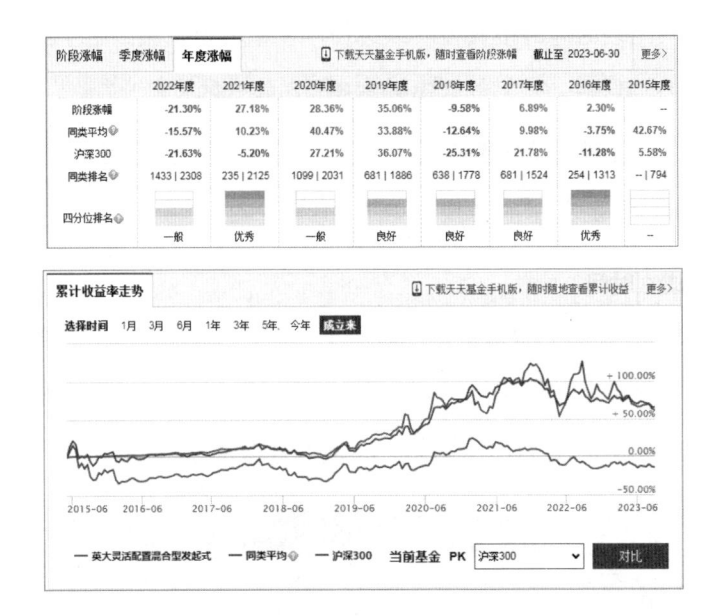

图7-14 查看混合型基金的收益走势

其中，涉及三个收益率，即相对收益率、绝对收益率和风险调整后的收益率。

相对收益率是指基金自身的收益率与大盘收益率的差值，这里是沪深300，比如该组合型基金2021年度的相对收益率是27.18%-（-5.20%）=32.38%，如图7-15所示。这一表现不仅显著优于大盘指数，还且领先同类产品16.95个百分点（27.18%-10.23%）。此外，该混合型基金在市场表现最差的时候也比大盘和同类产品亏得少，这说明该产品的收益情况表现为良好（能反映基金经理的管理能力较强）。

图7-15 混合型基金的相对收益率

绝对收益是指某一个时间段的收益，比如一年的投资收益为15%，那么这15%就是绝对收益。如图7-16展示的是混合型基金产品累计绝对收益为-1.91%，表明投资该产品已经出现了亏损。

阶段涨幅明细									来源：基金定期报告
	今年来	近1周	近1月	近3月	近6月	近1年	近2年	近3年	近5年	成立来
涨幅	5.28%	-1.07%	-1.28%	-0.50%	0.19%	2.06%	---	---	---	-1.91%
同类平均	0.96%	-0.58%	-0.43%	-0.19%	-1.00%	-1.81%	-1.12%	7.17%	30.83%	---
沪深300	-1.38%	-3.76%	-2.07%	-4.02%	-6.72%	-8.61%	-22.72%	-18.84%	16.53%	---
同类排名	25|1296	1193|1367	1180|1372	914|1348	434|1310	156|1250	---|859	---|418	---|201	---
排名变动	3↓	49↓	2↓	70↑	87↓	28↓	---	---	---	---
四分位排名	优秀	不佳	不佳	一般	良好	优秀				

图7-16　混合型基金的绝对收益率

风险调整后的收益率是指兼顾风险和收益后的调整收益，是衡量基金收益最具科学性的指标，常用的工具包括夏普比率、特雷诺指数、詹森指数等。其中，运用最广泛和最实用的指标是夏普比率。方法为：在基金档案中找到特色数据，在其中查看夏普比率。

图7-17展示的是夏普比率都为负数（近1年至近3年），整体表现相对较差且为亏损。

图7-18展示的是夏普比率都为正数（近1年至近3年），整体表现良好，特别是近1年的夏普比率为1.62，表示预期收益将会增加1.62%。

基金风险				来源：天天基金
	在所有基金中的风险等级		在同类基金中的风险等级	
	低 中低 中 中高 高		低 中低 中 中高 高	
基金风险指标	近1年		近2年	近3年
标准差	20.56%		24.48%	23.33%
夏普比率	-1.43		-0.42	-0.09

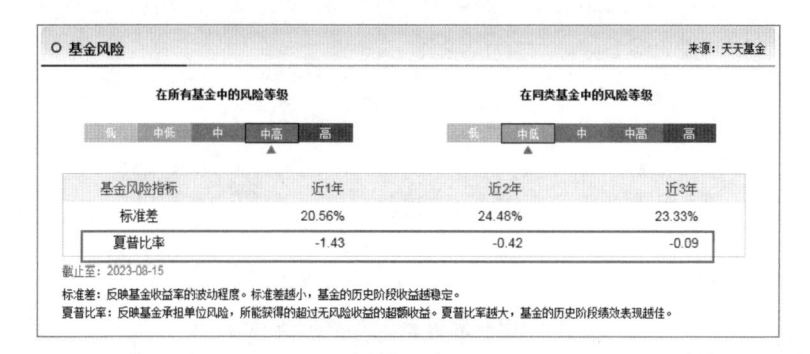

截止至：2023-08-15
标准差：反映基金收益率的波动程度。标准差越小，基金的历史阶段收益越稳定。
夏普比率：反映基金承担单位风险，所能获得的超过无风险收益的超额收益。夏普比率越大，基金的历史阶段绩效表现越佳。

图7-17　混合型基金的负夏普比率

```
┌─────────────────────────────────────────────────────────────┐
│ ○ 基金风险                                      来源：天天基金 │
│                                                               │
│      在所有基金中的风险等级          在同类基金中的风险等级      │
│     低  中低  中  中高  高          低  中低  中  中高  高     │
│                  ▲                           ▲               │
│                                                               │
│   基金风险指标        近1年         近2年         近3年       │
│   标准差              30.25%        29.21%        26.48%     │
│   夏普比率            1.62          0.84          0.28       │
│                                                               │
│ 截止至：2023-08-15                                            │
│ 标准差：反映基金收益率的波动程度。标准差越小，基金的历史阶段收益越稳定。│
│ 夏普比率：反映基金承担单位风险，所能获得的超过无风险收益的超额收益。夏普比率越大，基金的历史阶段绩效表现越佳。│
└─────────────────────────────────────────────────────────────┘
```

图7-18　混合型基金的正夏普比率

4. 基金经理人

购买基金时，基金经理的选择至关重要，特别是混合型基金，因为基金经理人直接负责操作仓位的配置和调整，以及风险的管控和应对等。所以，在购买混合基金前，一定要了解基金经理自身的能力、经验（历史收益情况也属于基金经理人的能力之一）、学历、从业经历等。查看方法为：在基金卡片中点击基金经理的名字超链接，如图7-19所示。

在打开基金经理档案查看详细的信息，如图7-20所示。

```
┌─────────────────────────────────────────────────────────────┐
│ 英大灵活配置混合型发起式B(001271)                             │
│                                                               │
│ ① 尊敬的用户，我们于2023年7月21日晚间起暂停部分基金的净值估算展示及相关服务，若给您带来不便， │
│                                                               │
│ 单位净值（2023-08-15）      累计净值                          │
│ 1.2756 -0.85%               1.5256                           │
│                                                               │
│ 近1月：-4.37%    近3月：-4.98%    近6月：-18.40%              │
│ 近1年：-26.84%   近3年：-9.79%    成立来：61.62%              │
│                                                               │
│ 基金类型：混合型-灵活｜中高风险  基金规模：0.26亿元（2023-06-30） 基金经理：张大铮 等 │
│ 成立日：2015-05-07           管理人：英大基金         基金评级：★★★☆☆ │
└─────────────────────────────────────────────────────────────┘
```

图7-19　查看基金经理的方法

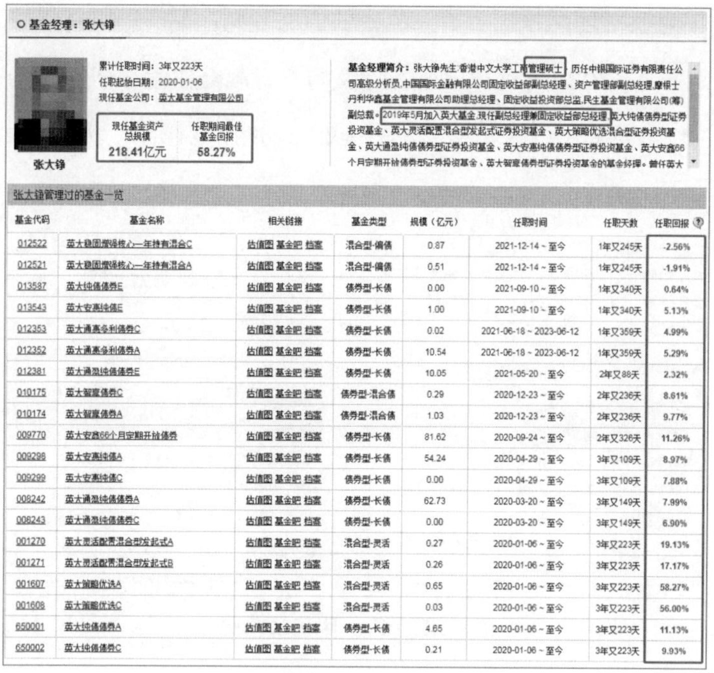

○ 基金经理：张大铮

张大铮

累计任职时间：3年又223天
任职起始日期：2020-01-06
现任基金公司：英大基金管理有限公司

现任基金资产总规模 218.41亿元
任职期间最佳基金回报 58.27%

基金经理简介：张大铮先生,香港中文大学工商管理硕士，历任中银国际证券有限责任公司高级分析员,中国国际金融有限公司固定收益部副总经理、资产管理部副总经理,摩根士丹利华鑫基金管理有限公司助理总经理、固定收益投资部总监,民生基金管理有限公司(筹)副总裁。2019年5月加入英大基金,现任副总经理兼固定收益部总经理,英大纯债债券型证券投资基金、英大灵活配置混合型发起式证券投资基金、英大策略优选混合型证券投资基金、英大通盈纯债债券型证券投资基金、英大安惠纯债债券型证券投资基金、英大安鑫66个月定期开放债券型证券投资基金、英大智享债券型证券投资基金的基金经理。曾任英大

张大铮管理过的基金一览

基金代码	基金名称	相关链接	基金类型	规模（亿元）	任职时间	任职天数	任职回报
012522	英大稳固增强核心一年持有混合C	估值图 基金吧 档案	混合型-偏债	0.87	2021-12-14 ~ 至今	1年又245天	-2.56%
012521	英大稳固增强核心一年持有混合A	估值图 基金吧 档案	混合型-偏债	0.51	2021-12-14 ~ 至今	1年又245天	-1.91%
013587	英大纯债债券E	估值图 基金吧 档案	债券型-长债	0.00	2021-09-10 ~ 至今	1年又340天	0.64%
013543	英大安惠纯债E	估值图 基金吧 档案	债券型-长债	1.00	2021-09-10 ~ 至今	1年又340天	5.13%
012353	英大通惠多利债券C	估值图 基金吧 档案	债券型-长债	0.02	2021-06-18 ~ 2023-06-12	1年又359天	4.99%
012352	英大通惠多利债券A	估值图 基金吧 档案	债券型-长债	10.54	2021-06-18 ~ 2023-06-12	1年又359天	5.29%
012381	英大通盈纯债债券E	估值图 基金吧 档案	债券型-长债	10.05	2021-05-20 ~ 至今	2年又88天	2.32%
010175	英大智享债券C	估值图 基金吧 档案	债券型-混合债	0.29	2020-12-23 ~ 至今	2年又236天	8.61%
010174	英大智享债券A	估值图 基金吧 档案	债券型-混合债	1.03	2020-12-23 ~ 至今	2年又236天	9.77%
009770	英大安鑫66个月定期开放债券	估值图 基金吧 档案	债券型-长债	81.62	2020-09-24 ~ 至今	2年又326天	11.26%
009298	英大安惠纯债A	估值图 基金吧 档案	债券型-长债	54.24	2020-04-29 ~ 至今	3年又109天	8.97%
009299	英大安惠纯债C	估值图 基金吧 档案	债券型-长债	0.00	2020-04-29 ~ 至今	3年又109天	7.88%
008242	英大通盈纯债债券A	估值图 基金吧 档案	债券型-长债	62.73	2020-03-20 ~ 至今	3年又149天	7.99%
008243	英大通盈纯债债券C	估值图 基金吧 档案	债券型-长债	0.00	2020-03-20 ~ 至今	3年又149天	6.90%
001270	英大灵活配置混合型发起式A	估值图 基金吧 档案	混合型-灵活	0.27	2020-01-06 ~ 至今	3年又223天	19.13%
001271	英大灵活配置混合型发起式B	估值图 基金吧 档案	混合型-灵活	0.26	2020-01-06 ~ 至今	3年又223天	17.17%
001607	英大策略优选A	估值图 基金吧 档案	混合型-灵活	0.65	2020-01-06 ~ 至今	3年又223天	58.27%
001608	英大策略优选C	估值图 基金吧 档案	混合型-灵活	0.03	2020-01-06 ~ 至今	3年又223天	56.00%
650001	英大纯债债券A	估值图 基金吧 档案	债券型-长债	4.65	2020-01-06 ~ 至今	3年又223天	11.13%
650002	英大纯债债券C	估值图 基金吧 档案	债券型-长债	0.21	2020-01-06 ~ 至今	3年又223天	9.93%

图7-20　查看基金经理的背景及收益回报

7.3 新品种：混合估值法产品

自2022年1月1日起，资管新规正式实施，打破了刚性兑付的同时，大部分摊余成本法的产品逐渐退出市场，全面转向净值化（市值法）管理。由于市场仍然在监管的约束下使用摊余成本法，加之2022年11月债市大幅调整，市场上采用市值法估值的银行理财产品和基金的净值出现了明显下跌，触发了一定程度上的“赎回潮”，比如2022年9月的开放式债基规模从2022年9月的5.2万亿元下降到2023年1月的4万亿元，短短四个月缩水了大概23%。

为了应对上述两方面客观情况的存在，管理者推出了混合估值法产品。这类产品既有混合估值法的银行理财产品，也有混合估值法债券基金，比如2023年

1月19日，工商银行理财推出了首只混合估值法理财产品——恒睿睿益固收增强封闭式理财产品。2023年2月2日至6日，又有五只混合估值法债券基金过审并面世，包括鹏华永瑞一年A（债券型-混合一级），如图7-21所示，达恒股18个月A、恒鑫30个月、恒泽18个月A和汇诚18个月A等。

基金全称	鹏华永瑞一年封闭式债券型证券投资基金	基金简称	鹏华永瑞一年封闭式债券A
基金代码	017790（前端）	基金类型	债券型-混合一级
发行日期	2023年02月02日	成立日期/规模	2023年02月15日 / 78.151亿份
资产规模	28.54亿元（截止至：2023年09月30日）	份额规模	28.2493亿份（截止至：2023年09月30日）
基金管理人	鹏华基金	基金托管人	中国银行
基金经理人	刘方正	成立来分红	每份累计0.00元（0次）
管理费率	0.30%（每年）	托管费率	0.05%（每年）
销售服务费率	0.00%（每年）	最高认购费率	0.60%（前端）
最高申购费率	0.00%（前端）	最高赎回费率	---（前端）
业绩比较基准	中债综合全价(总值指数收益率)*95%+银行活期存款利率(税后)*5%	跟踪标的	该基金无跟踪标的

图7-21　混合估值法基金

7.3.1　混合估值法产品是什么

混合估值法产品是指在投资组合中，部分资产采用摊余成本法估值，而另一部分资产则采用市值法进行估值的银行理财产品和偏债型公募基金。通常情况下分为两个交易板块（很大程度上类似于固收+理财产品和指数增强型基金）：

一是持有到期板块，旨在通过持有至到期来赚取稳定的票息收益。因此，这部分资产使用摊余成本法进行估值。

二是交易型板块，通过市场交易获取价差收益，这部分资产将使用市值法进行估值。它们的比例分别为：投资摊余成本估值法的债券比例大于50%，投资市值法的债券比例大于20%。

补充：摊余成本估值法和市值法的区别。其中，摊余成本估值法是将理财产品所投资的资产在一定时期内能取得的所有收益平摊至每天。比如以98元价格买入票面金额100元、票息为5%的债券，则将资本利得2元和票息5%（每年5元）在剩余期限内摊销。市值法即市价估值法，它主要关注底层债券标的买入成本与当前市价的盈亏情况，结合票息情况最终体现在净值上。比如以98元买入票息为5%的债券，当该债券价格短期下跌到96元时，此时资本利得为负2元，与短期持有的票息相比，浮亏更大，则净值下跌。

摊余成本法和市值法的示意如图7-22所示。

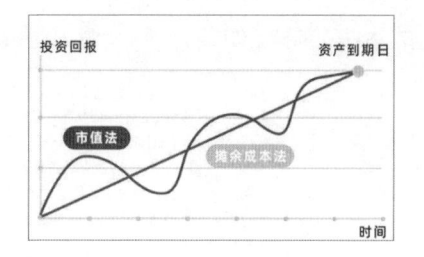

图7-22 摊余成本法和市值法的示意

7.3.2 混合估值法产品的优势

截至2023年12月5日，尽管市面上混合估值法的银行理财产品和债券基金的数量比较少而且多是封闭期，但随着时间的推移，这类产品的数量将会越来越多，同时，它的优势也会逐渐显现从而被大家认可追捧，具体优势如下：

一是由于混合估值法的理财产品和基金基本上都是封闭运作，使持仓债券的收益率区间可以估算和测算，因此，它的收益可预估。

二是由于混合估值法的理财产品和基金只有持仓大于20%的比例用于债券买卖，因此，这部分的波动或是回撤对整个产品的波动影响不大（摊余成本法的占比越高，净值曲线的稳定性越高），基本上处于可控制状态，自然不会出现较大的回撤。

三是由于混合估值产品的较大部分资产采用摊余成本法估值，较少资产采用市价法进行估值，相比单一市价法估值的理财产品，该类产品的估值波动更平稳；同时，相比单一采用摊余成本法估值的理财产品，混合估值类产品能在净值稳定的情况下博取更大的收益。

7.3.3 混合估值法产品的识别和选择

从2023年2月开始，混合估值法产品虽如雨后春笋般涌现，但总体上数量不多，且没有明显的标识。因此，除了在已有的混合估值法银行理财产品和基金中选择（直接在网页中搜索混合估值法银行理财产品，就能搜索到）外，还有一个"笨办法",即对于银行理财产品,可以在产品说明书中查看"估值法"模块是否有"摊余成本法"字样。如果有,则大概率是混合估值法银行理财产品,如图7-23所示。

> A、按合同约定的估值方案,以信托计划的受托人、资产管理计划的管理人等和资产托管人共同确认的净值或投资收益情况进行估值。
> B、理财产品所持有的非标准化债权资产,以收取合同现金流量为目的并持有到期的,且符合监管规定的,可按照企业会计准则要求,以摊余成本法计量,否则按照第三方估值机构提供的价格数据或者采用估值技术确定其公允价值。如监管另有规定,按照监管的最新规定进行调整。
> (8) 同业存款等存款类资产使用摊余成本法计量,以买入成本列示,按照票面利率或者商定利率并考虑其买入时折溢价,在剩余期限内平均摊销,每日计提收益。
> (9) 债券回购和拆借使用摊余成本法计量,以买入成本列示,按照票面利率或者商定利率并考虑其买入时折溢价,在剩余期限内平均摊销,每日计提收益。
> (10) 投资证券投资基金的估值方法:

图7-23 产品说明书中的"摊余成本法"字样

对于债券基金,可在产品信息中查看是否有"债券型-混合"字样。如果有,大概率是混合估值法基金,如图7-24所示。

基金全称	鹏华永瑞一年封闭式债券型证券投资基金	基金简称	鹏华永瑞一年封闭式债券A
基金代码	017790(前端)	基金类型	债券型-混合一级
发行日期	2023年02月02日	成立日期/规模	2023年02月15日 / 78.151亿份
资产规模	28.54亿元(截止至:2023年09月30日)	份额规模	28.2493亿份(截止至:2023年09月30日)
基金管理人	鹏华基金	基金托管人	中国银行

图7-24 查看"债券型-混合"字样

在多款混合估值产品中进行选择时,主要对比以下几点:

一是对比封闭期的时间长短,比如有的封闭为两年,有的封闭为三年,需要根据自己的资金使用情况来选择。

二是对比收益,在同等风险等级和封闭期的情况下,优先选择收益率高的(不要看业绩比较标准的年化收益率,而是在季度报告中查看过去一段时间的实际年化收益率。

三是对比起购金额,也就是最低多少钱起投,确保自己有足够的资金进行投资。

第8章

基金的价差交易技巧

8.1 LOF基金的价差交易

在指数基金的章节中，我们介绍了LOF基金（上市型开放式基金），这种基金在发行结束后，投资者既可以在指定网点申购和赎回基金份额，也可以在交易所买卖该基金。因此，它在两个市场之间存在价差交易机会。

8.1.1 LOF基金价差交易原理

LOF基金之所以存在差价交易机会，主要是因为它既支持场内申购赎回，又支持场内买卖，同时，场内LOF基金买卖是以二级市场的价格交易，申购赎回的是以基金的净值为基准。这样，当价格的实时波动与当天的净值拉开差距时，会出现以下两种价差交易机会：

一是当二级市场交易价格<当日净值时（折价），价差交易方法为买入+赎回。

二是当二级市场交易价格>当日净值时（溢价），价差交易方法为卖出+申购。

其中，溢价率=（交易价格−估算净值）÷估算净值×100%，即买卖价格和当日净值之间的偏差百分比。如果溢价率为负数，则是折价率。由于交易价格实时波动，当日净值都是估算出来的，所以，溢价率和折价率也是实时波动的。

同时，为了节省时间，你可以不用手动计算溢价率和折价率（负收益率），直接在"集思录"网页中查看（在集思录网页中单击"实时数据"→"LOF"），如图8-1所示。

补充：LOF基金的当日净值估算是基于其所持有的一揽子股票的仓位和价格来计算的。由于股票的盘中价格实时波动，因此，临近收盘的估算净值与当日净值最为接近，溢价率也最具参考价值，这意味着对于想要进行价差交易的投资者来说是最佳时机。

第8章 基金的价差交易技巧

名称	现价	涨幅	成交(万元)	场内份额(万份)	场内新增(万份)	换手率	基金净值	净值日期	实时估值	溢价率	股票占比	重仓涨幅
华安智增	1.901	5.73%	3.76	1770	0	0.12%	1.8189	2023-11-27	1.8258	4.12%	88.76%	0.38%
国投瑞泰	1.404	0.00%	0.00	52	0	0.00%	1.3839	2023-11-27	1.3838	1.46%	59.01%	-0.01%
科创红土	1.160	2.47%	0.67	916	0	0.06%	1.1426	2023-11-27	1.1445	1.36%	89.15%	0.17%
成长量化	1.153	0.00%	0.00	76	0	0.00%	1.1368	2023-11-27	1.1383	1.29%	92.47%	0.13%
科创中金	1.191	-0.42%	7.40	6085	0	0.10%	1.1819	2023-11-27	1.1784	1.07%	75.62%	-0.30%
国金鑫新	0.800	0.00%	0.00	169	0	0.00%	0.7930	2023-11-27	0.7931	0.87%	0.75%	0.01%
泓德丰泽	0.878	0.00%	1.19	2811	0	0.05%	0.8699	2023-11-27	0.8704	0.87%	74.06%	0.06%
华夏行业	1.169	2.10%	0.09	7515	0	0.00%	1.1580	2023-11-27	1.1591	0.85%	90.29%	0.10%
长信医疗	1.428	2.51%	0.72	650	0	0.08%	1.4050	2023-11-27	1.4191	0.63%	94.42%	1.01%
天治核心	0.467	-0.21%	0.50	7288	0	0.01%	0.4630	2023-11-27	0.4642	0.60%	93.93%	0.26%
财通精选	1.281	0.00%	0.00	678	0	0.00%	1.2720	2023-11-27	1.2735	0.59%	86.24%	0.12%

图8-1 溢价率

此外，在考虑溢价率时，还需结合场内新增份额和成交额（万元）来综合判断。原因很简单，即使溢价率很高，但成交率很低，申购买卖也不能成功。这就要求在筛选和对比LOF基金时，一是选择成交额至少在100万元以上的基金（要有流动性），否则没人接手。二是选择场内新增份额大于0，否则无法成功申购，如图8-2所示。

代码	名称	现价	涨幅	成交(万元)	场内份额(万份)	场内新增(万份)	换手率	基金净值	净值日期	实时估值	溢价率	股票占比	重仓涨幅
162703	广发小盘	1.398	0.22%	175.14	36920	91	0.34%	1.3858	2023-11-27	1.3940	0.29%	88.09%	0.59%
160323	华夏智泰	1.403	0.00%	13.85	267	23	3.70%	1.3984	2023-11-27	1.3989	0.29%	27.04%	0.04%
501095	BOCI科创	0.540	0.37%	3.05	9077	23	0.06%	0.5362	2023-11-27	0.5379	0.39%	93.18%	0.31%
160311	华夏蓝筹	1.310	-0.15%	5.22	7587	16	0.05%	1.3110	2023-11-27	1.3221	-0.92%	91.94%	0.84%
163801	中银中国	0.884	-0.11%	5.19	3409	9	0.17%	0.6806	2023-11-27	0.8829	0.12%	89.77%	0.27%
163302	大摩资源	0.719	0.84%	0.26	3151	4	0.01%	0.7138	2023-11-27	0.7176	0.20%	90.43%	0.54%
501219	智胜先锋	1.146	0.61%	998.27	31978	4	2.73%	1.1386	2023-11-27	1.1409	0.45%	93.64%	0.20%
161834	银华鑫锐	1.542	-0.52%	9.00	4574	2	0.13%	1.5380	2023-11-27	1.5411	0.06%	88.12%	0.17%
501000	国金鑫新	0.800	0.00%	0.00	169	2	0.00%	0.7930	2023-11-27	0.7931	0.87%	0.75%	0.01%
160211	国泰小盘	2.919	0.00%	0.00	2197	0	0.00%	2.9090	2023-11-27	2.9181	0.03%	86.50%	0.31%
160212	国泰估值	2.530	-0.82%	0.61	1556	0	0.02%	2.5329	2023-11-27	2.5563	-1.03%	94.84%	0.92%
160215	国泰价值	2.105	0.24%	26.41	318	0	4.00%	2.0980	2023-11-27	2.1143	-0.44%	94.20%	0.78%
160220	国泰民益	1.785	0.06%	0.75	671	0	0.06%	1.7988	2023-11-27	1.7997	-0.82%	17.67%	0.05%

图8-2 成交额和场内新增份额

补充：除了关注成交额和新增份额外，还需要关注交易成本，包括申赎费用、券商佣金等，原因是扣除成本后才是收益。

8.1.2 LOF基金价差交易的技巧

在上一节中,我们讲解了LOF基金的两种价差交易的方法和进行价差交易前的必要准备,下面分别讲解具体的操作步骤,以帮助大家能轻松掌握并应用。

1. 二级市场交易价格<当日净值,买入+赎回

价差交易前提:基金净值-买入价格-(赎回费+买入佣金)>0。

当场内交易价格<当日净值(估算)÷溢价率<0时,则可以先买入基金,再赎回基金。比如当某LOF基金的净值是1元而交易价格为0.9元时,投资者可以先以0.9元买入基金,再以1元净值赎回基金,产生1-0.9=0.1元的差价,最后扣除交易成本就是净收益。

2. 二级市场交易价格>当日净值,卖出+申购

价差交易前提:卖出价格-基金净值-(申购费+卖出佣金)>0,且已持仓LOF基金。

当场内交易价格>估算的当日净值÷溢价率>0时,则可以先卖出基金,再申购基金。比如,当某LOF基金的净值是1元而交易价格为1.07元时,投资者可以先以1.07元的价格卖出LOF基金,再以1元的净值申购该基金,产生1.07-1=0.07元的差价,最后扣除交易成本就是净收益。

8.1.3 案例:找出LOF基金和价差交易时机

LOF基金分为股票LOF和指数LOF。要找出可进行价差交易的LOF基金并确定哪些日期出现过这样的时机,可以在集思录中轻松完成,具体操作步骤如下。

第1步:打开"集思录"网站,单击"实时数据"→"LOF"→"指数LOF",如图8-3所示。

第2步:在"成交(万元)"菜单上单击,让其从大到小排列,快速筛选出成交金额大于100万元的指数LOF基金,如图8-4所示。

第8章 基金的价差交易技巧

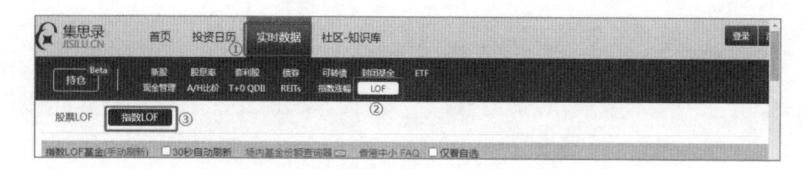

图8-3 进入指数LOF基金板块

图8-4 让成交金额从大到小排列

第3步：配合"场内新增份额">0的筛选指标，筛选出多只符合要求的指数LOF基金，如图8-5所示。

图8-5 配合场内新增份额数据筛选出指数LOF基金

第4步：单击筛选出的指数LOF基金代码，进入该基金的详细信息页，如图8-6所示。

第5步：在"历史"数据信息中，可以查看到溢价率大于0的日期都可以进行价差交易操作（你也可以根据自己的目标进行选择），如图8-7所示。

代码	名称	现价	涨幅	成交(万元)	场内份额(万份)	场内新增(万份)	换手率	基金净值	实时估值	溢价率	跟踪指数	指数涨幅
161226	白银基金	0.780	0.52%	2579.49	94409	-106	3.61%	0.7727	0.7842	-0.54%	SHFE白银	1.56%
161725	白酒基金	1.007	-0.30%	2522.53	132171	49	1.90%	1.0079	1.0046	0.24%	中证白酒	-0.34%
167301	保险主题	0.737	-0.27%	138.75	29594	9	0.64%	0.7380	0.7360	0.14%	保险主题	-0.28%
161726	生物医药	0.520	1.56%	135.24	40028	0	0.65%	0.5136	0.5226	-0.50%	生物医药	1.84%

代码	名称	现价	涨幅	成交(万元)	场内份额(万份)	场内新增(万份)	换手率	基金净值	实时估值	溢价率	跟踪指数
161725	白酒基金	1.007	-0.30%	2522.53	132171	49	1.90%	1.0079	1.0046	0.24%	中证白酒

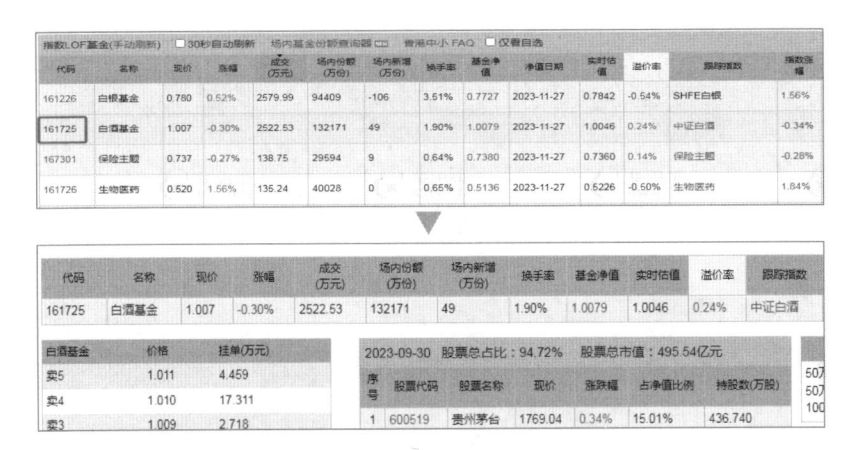

白酒基金	价格	挂单(万元)
卖5	1.011	4.459
卖4	1.010	17.211
卖3	1.009	2.718

2023-09-30 股票总占比：94.72% 股票总市值：495.54亿元

序号	股票代码	股票名称	现价	涨跌幅	占净值比例	持股数(万股)
1	600519	贵州茅台	1769.04	0.34%	15.01%	436.740

图8-6　进入LOF基金的详细信息页

日期	收盘价	净值	估值	估值误差	溢价率	场内份额(万份)	场内新增(万份)	份额涨幅	指数涨幅
2023-09-22	1.092	1.0924	1.0926	0.02%	-0.04%	106787	6	0.010%	2.08%
2023-09-25	1.084	1.0829	1.0830	0.01%	0.10%	106965	178	0.170%	-0.91%
2023-09-26	1.073	1.0718	1.0719	0.01%	0.11%	106997	32	0.030%	-1.07%
2023-09-27	1.073	1.0709	1.0709	0.00%	0.20%	107079	82	0.080%	-0.09%
2023-09-28	1.062	1.0592	1.0591	-0.01%	0.26%	107226	147	0.140%	-1.16%
2023-10-09	1.056	1.0552	1.0556	0.04%	0.08%	107483	257	0.240%	-0.36%
2023-10-10	1.047	1.0464	1.0464	0.00%	0.06%	108876	1393	1.300%	-0.88%
2023-10-11	1.047	1.0446	1.0446	0.00%	0.23%	109338	462	0.420%	-0.18%
2023-10-12	1.047	1.0451	1.0451	0.00%	0.18%	109948	610	0.560%	0.05%
2023-10-13	1.026	1.0244	1.0243	-0.01%	0.16%	110788	840	0.760%	-2.09%
2023-10-16	1.010	1.0086	1.0085	-0.01%	0.14%	112051	1263	1.140%	-1.63%
2023-10-17	1.010	1.0091	1.0092	0.01%	0.09%	113101	1050	0.940%	0.06%
2023-10-18	1.007	1.0066	1.0066	0.00%	0.04%	114166	1065	0.940%	-0.26%
2023-10-19	0.984	0.9746	0.9745	-0.01%	0.96%	114989	823	0.720%	-3.36%
2023-10-20	0.974	0.9714	0.9715	0.01%	0.27%	115959	970	0.840%	-0.34%
2023-10-23	0.973	0.9720	0.9720	0.00%	0.10%	118657	2698	2.330%	0.07%
2023-10-24	0.979	0.9784	0.9785	0.01%	0.06%	120309	1652	1.390%	0.70%
2023-10-25	1.004	1.0066	1.0069	0.03%	-0.26%	120961	652	0.540%	3.07%
2023-10-26	1.011	1.0130	1.0130	0.00%	-0.20%	121554	593	0.490%	0.67%
2023-10-27	1.021	1.0238	1.0240	0.02%	-0.27%	121552	-2	0.000%	1.14%
2023-10-30	1.037	1.0376	1.0378	0.02%	-0.06%	121578	26	0.020%	1.44%

图8-7　可进行价差交易的日期和溢价率

8.2　原油价差交易

首先需要给大家说明的是，原油价差交易不是让大家去做石油交易赚取差价，而是想要教会大家如何通过交易海外的原油QDII LOF基金获取差价，比如华宝油气是规模最大的原油QDII LOF基金（跟踪美国石油天然气上游SPSIOP指数的跨境QDII LOF基金）。因此，在进行价差交易前，我们首先要弄清什么是QDII LOF基金，然后是才是如何进行交易。

8.2.1 什么是QDII LOF基金

可以简单将QDII LOF基金理解为QDII基金+LOF基金，其中QDII基金是指投资海外的基金，由此可得出它的定义：投资海外的上市型开放式基金。它的价差交易模式主要是溢价交易，计算公式为：溢价率−申购费率>0或是溢价率−申购费率>预定收益率。

同时，由于原油QDII LOF跟踪的标的是欧美指数，加之外盘的交易时间是在我们收盘后的当晚进行，而我们又必须在国内的交易时间内进行买卖，所以，溢价率不能用T日的，而是T−1日，这就需要我们必须多承受一个T日晚上的波动，由此带来的风险也会随之增加。

补充：我国的QDII LOF基金基本上都是在美股上市，而美股在夏令时的交易时间为北京时间21:30至次日4:00；在冬令时的交易时间为北京时间22:30至次日5:00。

我们要明确一点：参与原油溢价交易，不像LOF基金或是交易型货币基金那样可以提前持仓，也就是有底仓，因此，需要先申购原油QDII LOF基金，然后在差价出现时抓住机会卖出。这意味着要承担T日当晚、T+1及T+2日的外盘波动风险和T+3日卖出时开盘下跌的风险，简言之，申购时面临当晚原油价格大涨压缩溢价率的风险，卖出时则面临两个交易日和一个开盘价下跌的风险。

另外，由于集思录中的QDII LOF基金溢价率和估值不够全面，需要"在HaoETF理财源自数据"网页中查看，如图8−8所示。

补充：在挑选原油基金时，与LOF基金类似，为了保证交易顺利和申购成功，需要满足成交额大于100万元且新增场内份额大于0。

代码	名称	实时估值	实时溢价	最新估值	最新溢价	估值日期	现价	涨跌	成交额(万元)	场内份额(万份)	新增份额(万份)	净值
164906	中国互联	0.9332	-0.67%	0.9357	-0.95%	11-29	0.927	0.32%	1023.11	213302	-1185	0.9504
161129	原油基金	1.2106	15.97%	1.2140	15.65%	11-29	1.404	0.14%	121.50	2623	0	1.1983
164824	印度基金	1.3353	-0.77%	1.3355	-0.79%	11-29	1.325	0.08%	468.11	35830	-151	1.3296
161815	银华通胀			0.6971	-0.58%	11-29	0.693	0.58%	3.81	2319	0	0.6940
161116	易基黄金	0.8411	0.11%	0.8423	-0.04%	11-29	0.842	0.72%	17.75	1421	0	0.8390
165513	信诚商品			0.5848	-0.82%	11-29	0.580	0.17%	1.25	3599	-1	0.5830
164701	添富贵金	0.8922	-0.56%	0.8934	-0.72%	11-29	0.887	0.34%	11.99	595	-1	0.8920
160416	石油基金			1.5805	-0.22%	11-29	1.577	-0.32%	8.46	2494	-8	1.5930
162208	诺安油气			1.0368	-0.08%	11-29	1.036	-0.10%	5.72	811	-14	1.0770
501018	南方原油	1.2306	0.20%	1.2341	-0.09%	11-29	1.233	0.90%	751.62			1.2216
161130	纳指LOF	2.6318	-0.81%	2.6283	-0.70%	11-29	2.610	-0.27%	205.40	5777	-7	2.6356
160140	美国REIT	1.1056	0.86%	1.1024	1.15%	11-29	1.115	0.37%	61.98	2159	0	1.1001
162415	美国消费			2.2414	-0.15%	11-29	2.238	-0.04%	17.25	1986	0	2.2510
160723	嘉实原油	1.4552	10.56%	1.4592	10.06%	11-29	1.606	0.63%	136.67	2136	0	1.4447
160718	嘉实黄金	1.0449	-0.66%	1.0463	-0.80%	11-29	1.038	0.10%	6.68	3605	-0	1.0450
162411	华宝油气			0.7515	-0.66%	11-29	0.745	-0.53%	1855.52	97466	-360	0.7553
160218	国泰商品	0.4776	-0.12%	0.4783	-0.29%	11-29	0.477	0.42%	30.49	9508	11	0.4740
162719	广发石油			2.2585	0.24%	11-29	2.264	-0.92%	280.83	3497	3	2.2761

图8-8　QDII LOF基金溢价率和估值数据

8.2.2　原油基金的价差交易技巧

一旦原油基金有价差交易机会，网上就会迅速传开，此时，除了查看溢价率是否符合自己的预期之外，就是去申购。下面以在e海通财App中申购5 000元的华宝油气（162411）为例，进行详细讲解，具体操作方法如下。

第1步：打开e海通财App并登录证券账户，点击"交易场内基金"，如图8-9所示。

第2步：在"股东账户"右侧点击下拉按钮，如图8-10所示。

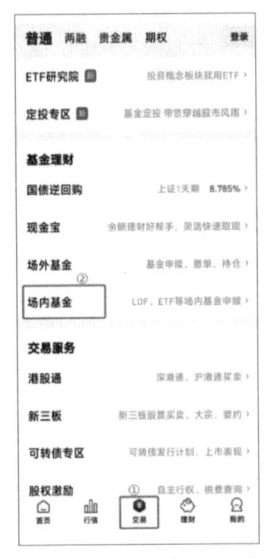

图8-9　进入场内基金申购渠道　　图8-10　点击股东账户切换按钮

第 8 章　基金的价差交易技巧

第3步：在弹出的窗口中选择沪A或是深A，如图8-11所示。

第4步：分别输入基金代码和购买金额，点击"申购"，如图8-12所示。

图8-11　选择沪A或深A　　　图8-12　输入基金代码和购买金额

第5步：在弹出的"系统提示"窗口中点击"确定"即可，如图8-13所示。

图8-13　确定委托

第6步：T+3日后，从股票账户持仓中选择华宝油气162411，将其卖出。

8.2.3　原油基金价差交易的收益扩大化

除了选择溢价率最高的原油基金进行价差交易外，还可以多开几个账户，把购买数量提上去，比如之前只有一个股票账户或是基金账户可以进行原油基金价差交易，现将账户扩展到三个（最多六个：三个深A股东户+三个深A基金户）。

扩展的方法很简单，直接在证券交易App上操作，下面以新开通场内基金户为例，具体操作步骤如下。

第1步：登录证券交易账户，点击"我的更多"，进入"业务办理"页面，点击"证券账户"如图8-14所示。

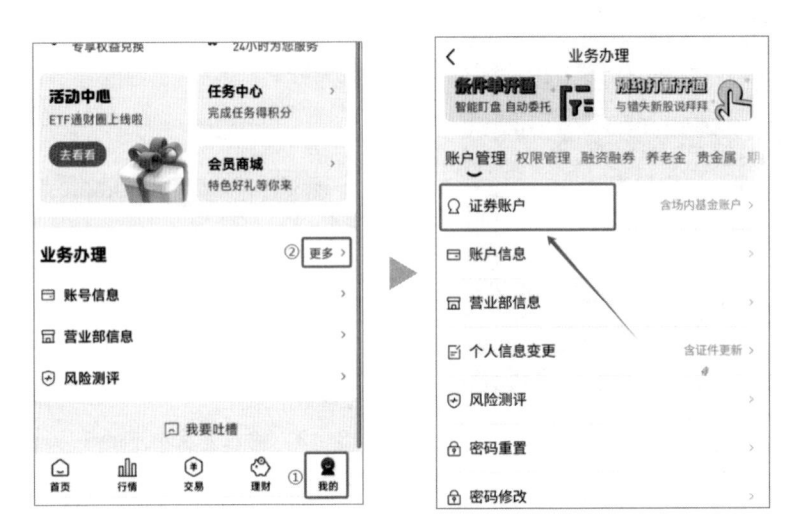

图8-14 进入自己的证券账户

第2步：点击"去开立"，选中"新开"，点击"下一步"，如图8-15所示（从图中可以看出上海场内和深圳场内基金新开的基金账户最多各开三个）。然后按操作提示逐步完成身份等信息认证。

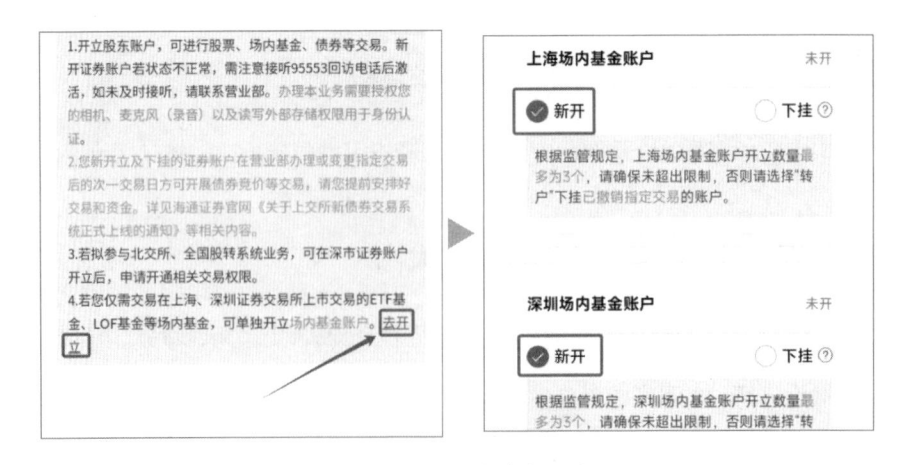

图8-15 新开的基金账户

8.3 中国互联价差交易

QDII LOF基金并不只有原油，还包括中国互联164906，要在这只QDII LOF基金上进行价差交易可以采用如下三种方法：

1. 买卖价格＜基金净值，价差交易操作为：买入+赎回

价差交易前提：基金净值−买入价格−交易成本（申购费+卖出佣金）＞0。同时，当最后净收益率符合预期时，也就是价差交易的溢价减去支出成本后的净收益符合预期时，开始进行价差交易操作：T日买入并进行赎回。

2. 买卖价格＞基金净值，价差交易操作为：申购+卖出（T+3日）

价差交易前提：卖出价格−基金净值−交易成本（申购费+卖出佣金）＞0。同时，当最后净收益率符合预期时，开始进行价差交易操作：T日申购，然后T+3日到账卖出（挂跌停单）。

3. 保守交易，申购（T日）**+卖出**（T+1日）

如果觉得T+3日卖出的风险较大，可以采用保守交易的方法，即T日申购，T+1日卖出，也就是当日以北京时间次日凌晨的基金净值申购，第二天知晓基金净值后再卖出，它最明显的好处是可以避免当晚美股暴涨，带动基金净值暴涨超过场内交易价格，最后导致价差交易亏损，即卖出价格小于申购价格，价差交易失败，也就是高价买入，低价卖出。

其核心原理很简单，在知晓净值的情况下，申购和卖出中国互联，同时场内价格涨跌幅度是有限且可控的，这使价差交易的成功率大大增加。下面是可预见的两种情况：

（1）美股当晚上涨

如果当晚美股上涨，第二日的基金价格大概率会跟着基金净值上涨。不过在溢价率高的前提下，场内基金价格的涨幅可能会出现小幅上涨，甚至不涨，那么T+1日卖出的价格就会比T日卖出的价格更高，价差交易的利润也会随之增加。

比如，中国互联当日下午的收盘价是1.82元，T-1日的基金净值是1.75元，当前的溢价率是4%[（1.82-1.75）÷1.75×100%]。如果美股净值在当晚到次日凌晨上涨，假如上涨2%，次日凌晨的中国互联基金净值就是1.75×（100%+2%）=1.785元，投资者申购中国互联的成本就是1.785元/份，此时的溢价率为2%（4%-2%）。

至此，变量只有场内交易价格一个，无非有如下三种情况。

情况一：微涨，比如上涨0.5%，则总收益率为2%+0.5%=2.5%。

情况二：持平，则总收益率为2%。

情况三：下跌，如果下跌幅度小于2%，则总收益率仍然为正，仍然有少许盈利。反之，则失败。

（2）美股当晚下跌

如果美股当晚下跌，第二日的基金价格大概率会跟着基金净值下跌，价差交易是否成功的关键在于场内交易价格的跌幅是否超过溢价率，如果超过，则价差交易失败，反之，则价差交易成功。

比如，中国互联当日下午的收盘价是1.82元，T-1日的基金净值是1.75元，当前的溢价率是4%[（1.82-1.75）÷1.75×100%]。如果美股净值在当晚到次日凌晨下跌，假如下跌2%，次日凌晨的中国互联基金净值就是1.75×（100%-2%）=1.715（元），申购中国互联的成本就是1.715元/份，此时的溢价率为6%（4%+2%）。

至此，变量仍然只有场内交易价格一个，无非有以下三种情况。

情况一：微涨，比如上涨0.5%，则总收益率为6%+0.5%=6.5%。

情况二：持平，则总收益率为6%。

情况三：下跌，如果下跌幅度大于6%，比如8%，则价差交易失败，亏损2%。

总之，中国互联的基金净值的跌幅大于场内交易价格的跌幅，则价差交易成功，反之，价差交易失败。

延伸：虽然中国互联与中概互联只有一字之差，但不是同一类基金。前者是QDII LOF基金，后者是QDII ETF基金。同时，前者跟踪的指数是中证海外互联网指数H11136，后者跟踪的指数是中证海外互联网50指数H30533。另外，重仓股中腾讯、阿里巴巴、美团、京东、百度的权重比例不同，前者在61%左右，后者在90%左右。

8.4 ETF价差交易

ETF的全称是交易型开放式指数基金，通常又被称为交易所交易基金，这类基金旨在跟踪一些特定的行业指数或市场指数。比如沪深300ETF（510300.SH）就是以沪深300指数为跟踪目标；红利ETF（159708.SZ）则是深证红利指数。

ETF结合了封闭式基金和开放式基金的运作特点，投资者既可以向基金管理公司申购或赎回基金份额，又可以在二级市场进行买卖，因此，同一只ETF由于不同的参与者，价格在某些时候会产生一定的偏离，一旦偏离的程度超过ETF价差交易所需的成本，就形成了价差交易空间。

8.4.1 PCF和IOPV是什么

在进行价差交易之前，需要掌握两个关键术语，即PCF和IOPV，因为它们是价差交易的基础和切入点。

1. PCF是什么

PCF的中文全称为申购赎回清单。这个清单由基金公司根据每天基金成分及运作情况进行公布。为了便于大家理解它的作用，我们可以用水果和果篮的比喻来进行讲解：

如果把股票比作水果，ETF就是一个果篮。则可以把ETF的申购简单地理解为投资者拿不同种类的水果等价换成果篮的过程。ETF赎回则是投资者把果篮拆掉拿回水果的过程。因此，ETF申赎就是投资者在果篮与水果间兑换的过程。

至于果篮与水果之间的兑换关系是怎样的？这就依赖于PCF的规定。比如，4个苹果加上1个梨可兑换一个甲类型的ETF果篮；3个橘子加上1个菠萝可兑换一个乙类型的ETF果篮。这样的规则确保了每次交易时双方都能清楚知道所需的具体数量和种类。

因此，对于ETF投资者来说，读懂一份PCF清单中的信息至关重要。下面笔者将逐一解读其中的关键信息。

（1）基本信息

PCF的基本信息包括最新公告日期、基金名称、基金管理公司和一级市场基金代码等，如图8-16所示这部分内容的主要目的是帮助投资人准确识别申赎对象。比如沪深300ETF，一级市场基金代码为510301，二级市场交易代码为510300（通常情况下，上海市场上一级市场代码最后一位数字是1，二级市场交易代码末位是0）。

申购赎回清单	
最新公告日期	2023-12-01
基金名称	上证180公司治理交易型开放式指数证券投资基金
基金管理公司名称	交银施罗德基金管理有限公司
基金代码	510010

图8-16　基本信息

（2）T-1日和T日的信息内容

这一板块的内容信息较多，如图8-17所示。

2023-11-30日内容信息	
现金差额(单位:元)	¥ -37002.37
最小申购、赎回单位净值(单位:元)	¥ 1341645.63
基金份额净值(单位:元)	¥ 1.3420
2023-12-01日内容信息	
最小申购、赎回单位的预估现金部分(单位:元)	¥ -37705.37
现金替代比例上限	30%
申购上限	无
赎回上限	120000000
是否需要公布IOPV	是
最小申购、赎回单位(单位:份)	1000000
申购赎回的允许情况	申购和赎回皆允许

图8-17　T-1日和T日的信息

① 现金差额：是指申赎一篮子的股票市值和申赎资产净值之间的差额，由于基金净值是每日晚间公布，所以，当日的PCF会有一个预估的现金差额，实际交易之后会多退少补。

② 最小申赎单位预估现金差额：是指在ETF申购、赎回过程中，由于申购赎回清单中一篮子股票的组成及现金差异部分导致的预估现金差额。具体来说，在申购时，正数需要冻结资金，负数不需要冻结资金。在赎回时，正数不需要冻结资金，负数需要冻结资金。当投资者在"果篮"与其成分股之间进行转换时，由于市场价格波动等因素，两者之间的总价值往往存在一定的偏差。到了T日结束时，通过比较当天所有成分股的实际总市值与"果篮"的价值，我们可以得出一个具体的现金差额值。如果我们基于对T+1日开盘时各股票预期价格的预测来计算这一差额，那么得到的就是所谓的"预估现金差额"。

③ 最小申赎单位净值：是指投资者进行申购、赎回操作时，所需满足的最低份额要求。通常以基金份额数表示。

④ 最小申购、赎回单位（份）：是指每一份PCF所对应的ETF基金份额数。它反映了投资者兑换"果篮"的最小规模，比如图8-17中的100万份，也就意味着进行一次ETF申购、赎回最少需要100万份，至少需要100×1.342 0=134.2万元。

⑤ 允许申购、赎回：反映了"果篮"是否允许兑换。

⑥ 申购、赎回上限：是指当日申购及赎回ETF份额的上限。

⑦ 现金替代比例上限：是指基金经理去控制总的现金替代金额占最小申赎单位净值的比例。

(3) 成分股信息内容

这一部分的核心是成分股的内容，包含代码、简称、数量等一些基本信息，投资者需要重点弄清楚的是现金替代标志的各类含义，因为它直接关系到进行价差交易的可行性操作，如图8-18所示。

代码	简称	数量	标志	比例
300769	德方纳米	0	深市必须	-
300782	卓胜微	0	深市必须	-
300832	新产业	0	深市必须	-
300896	爱美客	0	深市必须	-
300919	中伟股份	0	深市必须	-
300957	贝泰妮	0	深市必须	-
300979	华利集团	0	深市必须	-
300999	金龙鱼	100	深市退补	20%
301269	华大九天	0	深市必须	-
600000	浦发银行	900	允许	10%
600009	上海机场	100	允许	10%
600010	包钢股份	1800	允许	10%

图8-18 现金替代标志

现金替代标志分为禁止、允许、必须和退补四类，具体内容如下：

① 禁止现金替代：在申购或赎回基金份额时，该成分证券不接受现金替代。

② 允许现金替代：申购基金份额时，允许使用现金作为全部或部分该成分证券的替代。

③ 必须现金替代：在申购或赎回本基金份额时，必须使用固定现金而不接受股票。同时，根据当日提供的ETF申购信息，成分股的价值会按照前一日的收盘价计算，并用固定金额的现金替换这些成分股。

第8章 基金的价差交易技巧

④ 退补现金替代：在申购、赎回本基金份额时，只能使用现金，待基金公司代为买卖之后，根据实际成本进行多退少补。你可以将其简单理解为，投资者在申购ETF后，基金公司再去拿投资者的钱购买成分股，而在这个过程中，成分股的价值可能比昨日收盘价高，也可能比昨日收盘价低，最后会多退少补。比如上交所发行的沪深300ETF 510300.SH，其中涵盖了深市的股票，这部分是投资者把钱交给基金公司代买，然后根据实际成交的情况去结算客户的申购资金，多退少补。

看到这里，有人不禁会问PCF在哪里能查看，方法很简单，就是在网站中搜索上交所官网，然后单击"披露"→"ETF公告申购赎回清单"，然后在目标基金右侧单击"详情"按钮，将其打开即可，如图8-19所示。

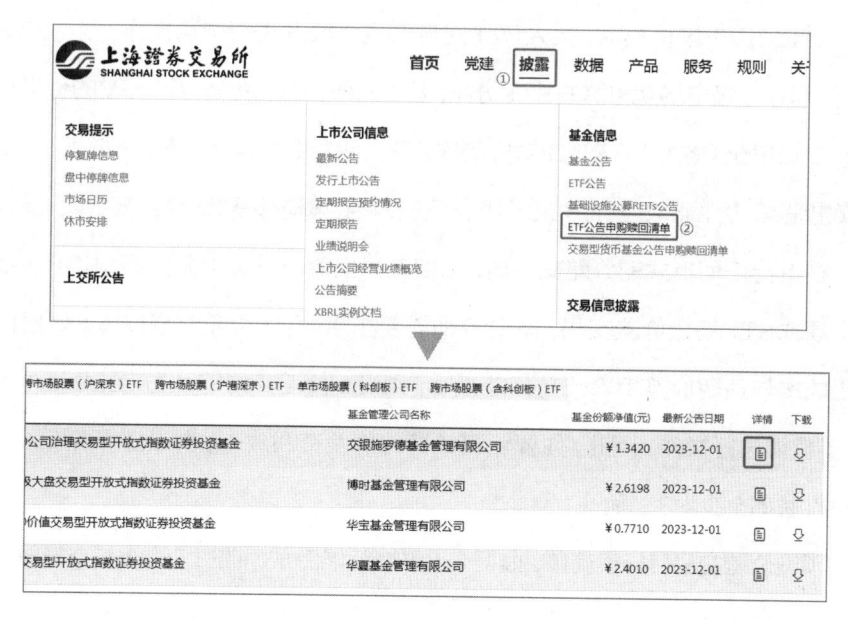

图8-19 打开ETF基金PCF清单信息

2. IOPV是什么

IOPV是指ETF的基金份额参考净值，是由证券交易所根据基金管理人提供的计算方法及每日提供的申购、赎回清单，按照清单内组合证券的最新成交价格

计算得出,计算公式如下:

IOPV=(必须现金替代金额+允许标记×对手价+禁止标记×对手价+退补标记×对手价+申赎清单预估现金)÷最小申购赎回单位

其中,对手价可简单理解为最快成交的价格,通常是买一或是卖一的价格。

IOPV每15秒会更新并公告一次,作为对ETF基金份额净值的估计。当IOPV低于ETF二级市场交易价格时,则出现溢价价差交易的机会;反之,当IOPV高于ETF二级市场交易价格时,则出现折价价差交易的机会。

8.4.2 ETF价差交易技巧和成本

ETF价差交易的模式与LOF基金的价差交易模式基本相同。当IOPV的价格小于ETF二级市场价格时,买入ETF对应的成分股并进行申购操作,获得ETF份额,然后在二级市场卖出这些ETF份额,从中赚取差价。反之,当IOPV的价格小于ETF二级市场价格时,买入ETF对应的成分股并进行赎回操作,获得一揽子股票,然后卖出股票,从中赚取差价。无论是哪种情况,核心策略都是低价买、高价卖。

在进行任何形式的价差交易时,比如交易型货币基金价差交易、LOF基金价差交易或ETF基金价差交易,投资者都需要注意一点:价差交易成本。如果价差交易成本与预期价差相等或是相差很小,则没有价差交易的动力,因为利润太少了,不值得进行操作。因此,你要认真计算出价差交易成本,并设置预期目标,比如净收益率至少为3%等。

预设价差交易目标很简单,根据个人喜好就能完成,而ETF的价差交易成本,则需要认真计算。

1. ETF溢价价差交易

溢价价差交易是指买入一篮子股票并申购ETF,得到ETF后卖出。因此,它需要产生的交易成本包括两部分:一是买入一篮子股票的交易成本,二是卖出ETF的交易成本。

比如以2.378元申购100万份上证50ETF（510050）为例，我们可以这样计算其交易成本：

（1）买入一篮子股票的交易成本

它需要收取四项手续费：经手费、证管费、过户费和券商交易佣金（受让方/买方不用缴纳印花税），截至2023年12月4日，它们的费率分别为0.004 87%、0.002%、0.002%和0.023%，那么，它们的成本费用分别如下：

经手费：2.378×1 000 000×0.004 87%=115.808 6（元）

证管费：2.378×1 000 000×0.002%=47.56（元）

过户费：2.378×1 000 000×0.002%=47.56（元）

券商交易佣金：2.378×1 000 000×0.023%=546.94（元）

买入一篮子股票的交易成本为：115.808 6+47.56+47.56+546.94=757.868 6（元）

（2）卖出ETF的交易成本

它需要收取两项手续费：经手费和交易佣金，截至2023年12月4日，它们的费率分别为0.004 5%和0.023%，那么它们的成本费用分别如下：

经手费：2.378×1 000 000×0.004 5%=107.01（元）

交易佣金：2.378×1 000 000×0.023%=546.94（元）

卖出ETF的交易成本为：107.01+546.94=653.95（元）

（3）ETF溢价价差交易的交易成本

买入一篮子股票的交易成本+卖出ETF的交易成本=757.868 6+653.95＝1 411.818 6（元）。

2. ETF折价价差交易

折价价差交易是指以低价买入ETF份额，然后赎回股票，最后以高价卖出股票，从而获得现金。因此，它需要产生的交易成本包括两部分：一是买入ETF的交易成本，二是卖出股票的交易成本。

(1)买入ETF的交易成本

它需要收取两项手续费:经手费和交易佣金,它们的费率分别为0.004 5%和0.023%,那么,它们的成本费用分别如下:

经手费:2.378×1 000 000×0.004 5%=107.01(元)

交易佣金:2.378×1 000 000×0.023%=546.94(元)

买入ETF的交易成本为:107.01+546.94=653.95(元)

(2)卖出股票的交易成本

它需要收取五项手续费,包括经手费、证管费、过户费、券商交易佣金和印花税,它们的费率分别为0.00 487%、0.002%、0.002%、0.023%和0.1%,那么,它们的成本费用分别如下:

经手费:2.378×1 000 000×0.00487%=115.808 6(元)

证管费:2.378×1 000 000×0.002%=47.56(元)

过户费:2.378×1 000 000×0.002%=47.56(元)

券商交易佣金:2.378×1 000 000×0.023%=546.94(元)

印花税:2.378×1 000 000×0.1%=2378(元)

卖出股票的交易成本为:115.808 6+47.56+47.56+546.94+2 378=3135.868 6(元)

(3)ETF折套利的交易成本

买入一篮子股票的交易成本+卖出ETF的交易成本=662.748 6+3135.868 6=3 798.617 2元。

8.4.3 ETF价差交易的经验

在前面我讲解过"允许现金替代"这个概念,它本意是让包含涨停或是跌停成分股的ETF能正常申购,然而,这一机制也被价差交易者利用来进行价差交易操作:他们买入一篮子股票,并选择用现金替代那些他们认为会下跌或不看好的股票。申购ETF时,他们可以避免买入这些表现不佳的股票而是用现金替代,后期赚取看空差价。

比如，2023年4月20日至26日，宝钢股份因增发停牌，4月27日，宝钢股份复牌后以跌停报收，28日继续下跌2.58%。此时，我们看空宝钢股份，预计复牌后股价还会继续下跌，此时进行溢价价差交易机会的时机也自然出现了，我们可以利用允许现金替代制度买入股票，其中，用现金代替了7 800股宝钢股份，由于停牌前买入价为6.02，所以现金替代额为7 800×6.02=46 956(元)。

由于复牌后的实际买入价为5.49元，所以，实际买入价为7 800×5.49=42 822(元)。因此，停牌和复牌之间的差价为46 956-42 822=4 134(元)。

在ETF的其他成分股收益不变的情况下，我们利用现金替换制度实现了溢价价差的收益。

相反，如果在二级市场看涨ETF的某只成分股，虽然无法用现金替代该成分股，但可以采取这样的操作去实现折价价差交易的目的，即先买入ETF，再赎回ETF得到一篮子股票，将看涨的股票持有，将其他股票卖出。当该股票复盘或继续上涨时，将持有的股票卖出以赚取差价。

这里会出现一个新问题，即对于看涨的某只股票，如何找到其对应的ETF基金？我分享一个小技巧：倒推法。就是在天天基金网上找到含有该成分股的ETF基金。这里以查找含有"长安汽车"股票的ETF基金为例，具体操作步骤如下。

第1步：打开"天天基金网"，在搜索框中输入股票名称或是代码，这里输入"长安汽车"，在弹出的页面中单击"查看更多持仓基金"，如图8-20所示。跳转到"主力数据"页面。

第2步：在"持仓机构明细"的明细数据中，可以找到含有"长安汽车"个股的ETF基金。如图8-21所示，就可以根据持仓比例选择符合自己需要的ETF基金进行操作。

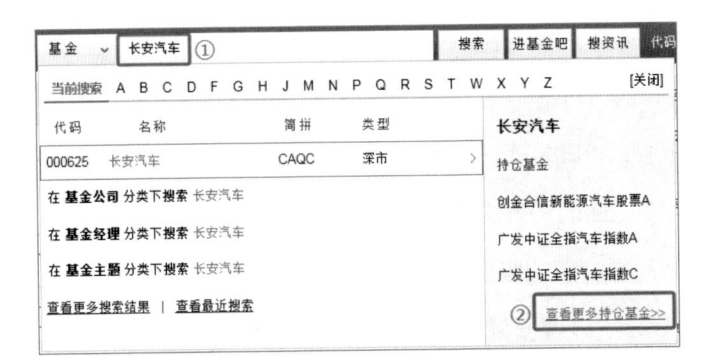

图8-20 输入要查找的成分股名称

图8-21 查找含有目标个股的ETF基金